LA

POLITIQUE

ANGLAISE et FRANÇAISE en SICILE

PENDANT LES ANNÉES 1848-1849

PAR VITE RAGONA.

Brochure in-8°. — Prix : 2 fr. 50 c.

Se vend ici.

Affiche d'Intérieur.

Paris. Impr. Preve et Ce.

LA POLITIQUE

ANGLAISE ET FRANÇAISE

EN

SICILE

PENDANT LES ANNÉES 1848-1849

PAR

VITE RAGONA.

Édition française.

PARIS,
CHEZ GARNIER FRÈRES, LIBRAIRES-ÉDITEURS,
Palais-Royal, Galerie Montpensier.

1853.

Paris. — Imprimerie Preve et Comp., rue J.-J.-Rousseau, 15.

LA

POLITIQUE ANGLAISE ET FRANÇAISE

EN SICILE

Pendant les années 1848-1849.

> Ce n'est pas pour assurer le bonheur de la Sicile que des troupes anglaises y stationnèrent de 1805 à 1814, c'était une occupation militaire.
>
> Le marquis de LONDONDERRY (1).

I

Pourquoi la Sicile qui, en janvier 1848, sans argent, sans armée et sans chefs, avait chassé les satellites du Bourbon de Naples, fut-elle reconquise seize mois après, presque sans résistance, alors même que le pouvoir était entre les mains d'un gouvernement révolutionnaire, quand le pays tout entier avait pris une part active à la révolution qu'il avait acclamée avec enthousiasme, quand toutes les positions militaires appartenaient aux insurgés, quand l'argent, les armes et les soldats devaient abonder, quand enfin le

(1) En Angleterre. Chambre des Communes, séance du 21 juin 1821.

pays pouvait disposer d'un corps de volontaires français accourus pour assurer le triomphe de la liberté?

La vérité est que la Sicile ne fut la victime ni de la force matérielle, car l'armée expédiée contre elle en 1849 ne fut pas plus nombreuse que celle battue par elle-même en 1848 (2); ni de la réaction bourbonienne, car la Sicile, il faut le dire à son honneur, n'a jamais cessé de protester de toute son énergie contre la domination du roi de Naples, comme le témoignent les milliers de victimes, qui peuplent les prisons, les forteresses et les îles de relégation, sans parler de l'émigration, toujours croissante, qui déserte chaque jour encore l'île infortunée soumise à la tyrannie du Bourbon.

Pourquoi donc la Sicile est-elle tombée? Les hommes du gouvernement, les hommes responsables d'une si grande catastrophe, répondent que c'est la diplomatie de la France et de l'Angleterre qui l'a perdue.

Le 27 mars 1849 un des chefs du parti aristo-

(2) *Documenti della rivoluzione siciliana, illustrati*, da G. La Masa; t. I, p. 62 à 117. — Crispi; *Ultimi casi della rivoluzione siciliana*, p. 7. — La Farina, *Storia documentata della rivoluzione siciliana*, t. II, p. 254. — *La campagna di aprile* 1849 *in Sicilia*, p. 7. — Jermanowski, *Relation de la campagne de Sicile en* 1849. — Mieroslawshy, *Appendice à la relation de la campagne de Sicile* en 1849. — *La Presse*, 29 septembre 1848, n. 4,479.

cratique, de ce parti de l'indépendance et de la monarchie sicilienne, M. le prince de Butera, ministre des affaires étrangères en Sicile, écrivait : « Il n'y a pas de papier ni de temps suffisants « pour bien dévoiler la perfidie avec laquelle la « France et l'Angleterre ont agi en Sicile; nous « ne pouvons pas dire tout l'opprobre et toute la « honte dont elles se sont couvertes, on ne nous « croirait pas (3) ! »

Nous ne prenons pas la plume pour faire de l'histoire et pour expliquer les véritables causes de la chute de la Sicile; nous ne la prenons pas pour démontrer que la trahison même de la diplomatie, s'il y avait eu trahison, ne justifierait pas un gouvernement révolutionnaire; nous ne la prenons pas enfin pour approuver ou justifier aucune politique étrangère, notre but est de convaincre les Siciliens que leur patrie, comme toute autre province de l'Italie, ne peut s'écarter des conseils et de l'amitié de la France, sans s'exposer aux plus grands dangers.

II

Depuis plusieurs siècles la Sicile, frémissant sous la domination étrangère, veut vivre de sa vie et aspire à l'indépendance; mais ses longs

(3) G. Carnazza, *Aggiunte e chiose ai documenti della rivoluzione siciliana illustrati*, da G. La Masa, p. 48.

efforts, ses immenses fatigues, ses sacrifices héroïques ont été vains jusqu'à ce jour. Elle n'a vécu que d'illusions et de chimériques espérances. Un rapide coup d'œil de l'histoire monarchique de notre malheureuse patrie pendant plusieurs siècles en donnera l'incontestable preuve.

L'antipape Anaclet II, dans l'espoir de triompher de son compétiteur Innocent II, rechercha l'alliance du normand Roger, duc de Pouille et de Calabre et comte de Sicile ; dans ce but, il lui donna sa sœur en mariage, lui abandonnant la principauté de Capoue et la seigneurie de Naples. Une bulle du 27 septembre 1130 lui conféra le titre de roi de Sicile, et le droit de se faire couronner par les métropolitains de son nouveau royaume. Ainsi dès l'origine de sa monarchie, la Sicile eût le même maître que Naples, Capoue, la Pouille et la Calabre.

Les deux Guillaumes, successeurs de Roger, conservèrent les mêmes domaines jusqu'en 1189; mais à la mort de Guillaume II, qui ne laissa pas d'enfants, ses possessions tombèrent au pouvoir de l'empereur d'Allemagne Henri VI, époux de Constance, fille posthume de Roger.

Nous ne nous occupons ni de Tancrède, élu roi de Sicile dans la Pouille, ni de son fils Guillaume, à qui l'infâme Henri fit brûler les yeux, parce que ce soulèvement passager du peuple fut bientôt comprimé et cruellement puni par l'empereur, qui continua de régner sur les États de sa femme.

En 1198, Henri VI mourut empoisonné par Constance, aidée de son favori, et bien que Frédéric, son petit-fils, chassé de l'empire par les factions de Philippe et de Othon, fut privé longtemps de la couronne impériale, toutefois il conserva réunis les États d'Italie, qui lui venaient de l'héritage maternel, et ils continuèrent à dépendre de son gouvernement, même après 1220, lorsque Frédéric, reconnu définitivement empereur d'Allemagne, fut couronné par Honorius III.

Conrad IV succéda à Frédéric en 1250, et, comme son père, il régna sur l'Allemagne, la Sicile et Naples.

A l'instigation du pape Innocent IV, en 1254, Conrad fut empoisonné par Manfred, son frère naturel, qui bientôt usurpa le trône de Sicile, au mépris des droits de Conradin. Il se fit couronner à Palerme, lorsque l'Allemagne, partagée en deux factions, nommait deux empereurs, et qu'Edmond, second fils du roi d'Angleterre, renonçait à la couronne sicilienne, à lui décernée par le pape, qui avait en même temps oublié les promesses faites au parricide et les devoirs qui le liaient au fils de Conrad, dont il était le tuteur.

Constance, fille de Manfred, épousa Pierre, fils aîné de Jacques, roi d'Aragon, malgré l'opposition d'Urbain IV, qui, voulant à tout prix chasser Manfred de la Sicile, et s'étant inutilement adressé à Louis IX, cherchait à séduire son frère, Charles d'Anjou, pour le déterminer à accepter la couronne. A la mort d'Urbain, Clément IV accomplit ce coupable projet; il vendit à Charles d'Anjou Naples et la Sicile et publia la bulle d'investiture le 26 février 1265.

A la grande satisfaction du Saint-Père, la guerre éclata sur le territoire napolitain, entre l'ancien et le nouveau roi de Sicile. Manfred fut tué à la bataille de Benevento, et bien que Conradin fût proclamé roi de Sicile et empereur d'Allemagne dans tous les États d'Italie, son triomphe ne dura pas longtemps. Vaincu à la journée de Tagliacozzo par Charles d'Anjou, il périt victime de la trahison et de la cruauté, et le vainqueur resta à Naples maître absolu de tous les domaines qu'avait possédé Roger le normand.

Les Siciliens, excités par le pape, qui était devenu l'ennemi de Charles, puis accablés et foulés aux pieds par le gouvernement du nouveau roi, se vengèrent par les vêpres siciliennes, le 30 mars 1282. La couronne de Sicile fut alors offerte à Pierre d'Aragon, et il fallut soutenir contre une formidable coalition une guerre longue et acharnée. Au commencement du règne de Jacques, l'espoir de la paix semblait fondé; mais bientôt la guerre se ralluma, parce que Jacques, appelé au trône d'Aragon par la mort du roi Alphonse, vendit la Sicile à Charles II de Naples.

Les Siciliens tinrent bon et soutinrent une guerre nouvelle pour maintenir sur le trône Frédéric II, frère de Jacques.

Ce fut alors que la Sicile eût un roi pour elle seule et resta séparée de Naples, où continua à régner la maison d'Anjou. Mais aux malheurs de la guerre succédèrent, ainsi que tous les historiens le rapportent, les plus épouvantables horreurs de l'anarchie féodale et les incursions des Napolitains; la monarchie sicilienne en fut si ébranlée, qu'en 1377, Frédéric III étant mort, sa fille Marie et Martin Ier, son époux, ne purent conserver le trône qu'avec la protection du roi d'Aragon.

Cette protection devint bientôt une domination : à la mort de Martin Ier, la couronne de Sicile passa sur la tête de Martin II, roi d'Aragon, et les Siciliens se trouvèrent au pouvoir des Aragonais, de façon que, à l'exception d'une période de quarante ans, c'est-à-dire depuis 1516 jusqu'en 1556, pendant lesquels les Siciliens et les Espagnols furent gouvernés par Charles-Quint, empereur d'Allemagne, la Sicile resta sous la domination des rois d'Espagne.

Ce fut dans l'espoir de conserver un roi italien et plus voisin, que les Siciliens, en 1713, accueillirent avec joie le traité d'Utrecht, par lequel Philippe de Bourbon céda la Sicile au duc de Savoie (4). Mais

(4) Cette cession de la Sicile, qui coûta beaucoup au roi d'Espagne, fut exigée par les Anglais. — Anquetil, *Motifs des guerres et des traités de paix*, p. 204.

cette joie s'évanouit bientôt, car le duc de Savoie, impuissant à garder la Sicile, fut contraint, en 1718, de la rendre à la maison d'Autriche, à laquelle elle fut enlevée, en 1734, par les armes de Charles III et gouvernée par ce prince avec le royaume de Naples. En 1759, Charles appelé au trône d'Espagne, donna la Sicile à son fils Ferdinand, qui gouverna les deux États avec le titre de roi des Deux-Siciles.

En 1798, lorsque, chassé du continent par les armes françaises, ce prince se réfugia dans l'île, sa présence fit croire à l'indépendance de la Sicile; mais cette illusion se dissipa comme toutes les autres. Bientôt les Français furent contraints d'abandonner Naples. Ferdinand y rentra et tout espoir fut encore une fois perdu.

En 1806, pour la seconde fois, le Bourbon, chassé de Naples, revînt en Sicile, et les Siciliens s'attachant de nouveau à leurs illusions, crurent encore une fois la Sicile indépendante, parce que le roi était au milieu d'eux; mais quelle fut cette indépendance? On tomba sous le joug de l'Angleterre!

L'Angleterre intervenait dans l'administration, dans les lois, dans les alliances, dans la politique de la Sicile, ouvrant les prisons aux barons, ses partisans, persécutant les démocrates, les patriotes soupçonnés de sympathiser pour la France, créant, contrairement aux lois, des commissions militaires pour les juger, faisant condamner des Siciliens par des juges anglais, obligeant le gouvernement à confier le commandement des troupes siciliennes à un général anglais, tenant garnison dans toutes les forteresses de l'île, comprimant la volonté du roi lui-même, l'empêchant de gouverner, le gardant à vue, et chassant la reine de ses états. Elle faisait, selon son bon plaisir, ouvrir et fermer le parlement, imposait ses candidats aux électeurs, choisissait les ministres, enlevait au pays ses trésors et ses soldats pour continuer une guerre non seulement inutile, mais fatale aux intérêts de la Sicile (5).

(5) Gregorio, *Considerazioni sulla storia di Sicilia.* — Nicolaï Specialis, *Hist. Sic.* — Diblasi, *Storia di Sicilia.* — Palmieri, *Saggio storico-politico sulla costituzione del regno di Sicilia.* — Aceto, *De la Sicile et de ses rapports avec l'Angleterre.* — Colletta, *Storia del reame di Napoli.* — La Châtre, *Histoire des papes et des empereurs.*

Tout ce que nous avons dit dans le texte est justifié par les documents et par les autorités, que nous avons cités; toutefois, M. Fiquelmont, dans son ouvrage *Lord Palmerston, l'Angleterre et le continent,* t. 1, p. 212, a écrit : « L'Angleterre a pendant dix ans *jeté* en Sicile des sommes immenses sans exiger aucun sacrifice de ce pays, où son « armée payait toutes les dépenses à des prix que les circonstances rendaient très élevés. »

Tout le monde appréciera l'importance de l'assertion de M. Fiquelmont, nous nous contentons de demander ce que fit l'Angleterre pour le bonheur de la Sicile? Où sont les traces de l'argent de l'Angleterre? La guerre et l'occupation militaire étaient-elles dans l'intérêt des Siciliens?

Nous voulons croire, que pas un seul Sicilien n'eût fait

La Sicile a donc toujours été ou unie à Naples, ou sous la domination étrangère. Si, au XIVe siècle, elle parut un instant indépendante, elle fut en même temps victime de l'anarchie et de la violence féodale; si, au XIXe siècle, elle crut posséder l'indépendance, parce que le roi était contraint d'y résider, elle sortit bientôt de son illusion, quand elle se vît sous le joug de l'Angleterre, qui l'occupa militairement; vinrent ensuite les traités de 1815!

III

Les derniers événements avaient amené l'Angleterre et la Sicile à une communauté d'intérêts politiques, qui ne pouvaient être agréables ni aux intérêts ni au génie de la France.

L'Angleterre, de 1806 à 1814, avait occupé militairement la Sicile, tandis que la France avait fait plusieurs tentatives pour s'en emparer et la réunir à Naples (6). L'Angleterre avait poussé les Siciliens à se donner une nouvelle constitution, qui fut en partie achevée sous ses aus-

des sacrifices pour conserver la domination étrangère, mais cette domination les contraignit à combattre contre leurs frères du continent italien, au bénéfice de l'Autriche, et à subir le commandement anglais, qui les plongea dans la misère.

(6) Aceto, p. 93, 103. — Palmieri, p. 81 et suiv.

pices (7), tandis que la France avait poussé le roi de Sicile à chasser les Anglais et à faire cause commune avec elle (8).

Dans la constitution de 1812, les Siciliens avaient établi que la Sicile serait toujours un royaume indépendant, et, dans le cas même où le roi Ferdinand eût reconquis Naples, il devait, avec le consentement du prince héréditaire, nommer celui des princes de sa famille qui devrait régner en Sicile. Cette disposition avait été sanctionnée par le roi et reconnue par l'Angleterre (9), tandis que la France avait placé sur le trône des Deux-Siciles d'abord Joseph et ensuite Joachim (10). L'Angleterre avait été l'alliée de la Sicile; pour cela même la France était son ennemie (11).

Après la fameuse capitulation de Paris (12), l'Angleterre, évacuant la Sicile et vantant des

(7) *V.* Note du 16 septembre 1849, adressée par le ministre M. Temple, au ministre M. Fortunato.

(8) Aceto, p. 104. — Palmieri, p. 81, 82. — Botta, *Storia d'Italia del* 1789 *al* 1814, l. 24.

(9) Constitution de Sicile, § 17 : De la succession au trône. — D'après cette disposition, le roi de Sicile continua à s'appeler le roi des Deux-Siciles !

(10) Décrets de l'empereur Napoléon, 30 mars 1806 et 25 juillet 1808. — La Sicile était aussi représentée dans les armes de Joseph et de Joachim.

(11) Aceto, p. 121. — Palmieri, p. 60 à 102. — Traités entre la Sicile et l'Angleterre, 30 mars 1808, 13 mai 1809, 12 septembre 1812.

(12) 30 mars 1814.

sacrifices qu'elle n'avait jamais faits, répéta aux Siciliens les promesses les plus solennelles d'une amitié sincère, et leur déclara qu'aucun changement ne serait apporté à leurs institutions, sans l'intervention légale du parlement (13), tandis que la France ne prit aucun engagement.

On pouvait donc rappeler l'Angleterre au respect de ses engagements envers ses alliés, lorsqu'elle prit, après la victoire, une part si active aux traités de Vienne; on pouvait surtout lui rappeler ses promesses faites aux Siciliens; mais aucun engagement n'obligeait la France, vaincue et soumise par la force, à contribuer à l'exécution des mêmes traités, et à venir aux secours des alliés de ses ennemis. Si donc le traité de 1815 reconnut Ferdinand Bourbon comme *roi du royaume des Deux-Siciles* (14), il n'y a rien à reprocher à la France; le sacrifice de la Sicile fut accompli par la politique anglaise.

Ferdinand, fort de ce traité, viola la constitution sicilienne de 1812, et, foulant aux pieds toutes les franchises de la Sicile, prit le titre de Ferdinand Ier, roi du royaume des Deux-Siciles, et gouverna en prince absolu la Sicile comme province napolitaine (15).

(13) Note du ministre anglais M. A'Court, à l'occasion de l'évacuation de la Sicile par les troupes anglaises. Aceto, p. 210.

(14) Art. 104.

(15) Décrets des 15 mai, 16 août, 8 décembre 1816, etc.

Or, quelle nation devait s'opposer à cet infâme parjure, à ces violences abominables? La France, qui n'avait aucun engagement envers les Siciliens, ou l'Angleterre, qui leur avait fait tant de promesses? La France, retombée au pouvoir des Bourbons, ou l'Angleterre, grandie par la fatale victoire de Waterloo? Personne ne doutera, que c'était le devoir de l'Angleterre, qui, au contraire, s'empressa de reconnaître le nouveau titre de Ferdinand, et l'alliée de la Sicile devint l'amie du Bourbon, qui violait les droits des Siciliens. Ainsi la Sicile, abandonnée par l'Angleterre, resta réunie à Naples (16).

IV

Après tant de vicissitudes, d'efforts, de désas-

(16) Fiquelmont, t. I, p. 214, a écrit : « Jusqu'à la ré« volution de Naples de 1820, rien n'avait affaibli la con« fiance qu'avaient les Siciliens d'être encore en possession « de la constitution qui leur avait été octroyée en 1812. « Bien que depuis *cette époque* le parlement n'eût pas été « convoqué, le roi n'avait cependant *manqué* en rien à ses « engagements, car la *convocation* du parlement n'était « *obligatoire* pour lui, que dans le cas où le gouvernement « demanderait au pays des *impositions* plus fortes que celles « qui avaient été consenties par le parlement de 1812.

Nous ne comprenons pas comment l'auteur d'un ouvrage qui porte pour titre : *Lord Palmerston, l'Angleterre et le continent*, a pu ignorer :

1° Que depuis la session de 1812 le parlement sicilien

tres, d'expériences sans résultats heureux, les

fut convoqué une fois en 1813, et deux fois en 1814 ; sa dernière session, ouverte le 22 octobre 1814, fut fermée le 17 mai 1815. — Aceto, p. 194-196.

2º Que la constitution sicilienne de 1812 établissait :

« Titolo I, Potere legislativo. Capitolo 1, § 1. Il potere « di far le leggi e quello di dispensarle, interpetrarle, mo- « dificarle ed abrogarle risiederà *esclusivamente* nel parla- « mento. Ogni atto legislativo peró avrà forza di legge, e « sarà obbligatorio tosto che avrà la sanzione del re. — « Placet.

« Capitolo 2, § 1. Il solo parlamento avrà il potere di « mettere nuove tasse di ogni specie e di alterare quelle già « stabilite. Tutti i sussidi non abbiano che *la durata di un* « *anno*. Tali determinazioni però del parlamento saranno « nulle, come già si è detto delle leggi, se non saranno av- « valorate dalla real sanzione. — Placet.

« Capitolo 11, § 1. Sarà unicamente dritto di S. M. « quello di convocare, sciogliere o prorogare il parlamento. « — Placet. — § 2. Il re sarà *tenuto convocarlo in ogni* « *anno* come è stato sanzionato all' articolo nono.

« Per la successione al trono del regno Sicilia. — § 17. « Se il re di Sicilia riacquisterà il regno di Napoli, o ac- « quisterà qualunque altro regno, dovrà mandarvi a regna- « re il suo figlio primogenito, o lasciare detto suo figlio in « Sicilia con cedergli il regno; dichiarandosi da oggi in- « nanzi il detto regno di Sicila indipendante da quello di « Napoli, e da qualunque altro regno o provincia. — Placet « per l'indipendenza : tutto il dippiù resta a stabilirsi dal re « e dal suo primogenito alla pace generale *chi della loro* « *famiglia* debba regnarvi.

« Della libertà dritti e doveri del cittadino. — Capitolo 6, « § 1. I benefizi ecclesiastici, gl'impieghi, le dignità, gli « ufficj e cariche di qualunque natura senza distinzione, ed

Siciliens auraient dû à la fin renoncer à l'idée de faire de la Sicile un Etat séparé et indépendant; ils auraient dû se convaincre que la Sicile, avec son étendue si restreinte, avec sa population si faible, ne peut pas se suffire; et que, placée dans les eaux de l'Italie, elle doit chercher son salut dans le système italien, d'autant plus qu'aujourd'hui il n'y a de salut que dans les grandes nationalités (17).

Malheureusement, en 1848, les Siciliens tom-

« eccezione alcuna neppure dell' arcivescovo di Palermo e « delle commende della religione gerosolomitana, non po- « tranno, né devranno mai conferirsi che ai soli Siciliani. — Placet per quelli da conferirsi da oggi innanzi.

3° Que le décret du 15 mai 1816 supprima le pavillon sicilien, et que les décrets du 8 décembre, même année, non seulement abolirent la constitution de 1812, mais encore l'ancienne constitution du royaume. — Aceto, p. 173. — Ces décrets donnèrent une nouvelle organisation politique et administrative à la Sicile, et proclamèrent le roi de Sicile roi *du royaume* des Deux-Siciles.

4° Que le 2 août 1818, sans aucun parlement, le roi Ferdinand abolit en Sicile les fidecomis, etc., et en 1819 il publia un nouveau code pour le royaume des Deux-Siciles, institua une nouvelle organisation politique, judiciaire et administrative, donna les emplois de la Sicile à des Napolitains, ordonna une levée militaire, des impôts, le timbre et l'enregistrement qui n'existaient pas.

(17) Rossi; *Cours d'économie politique*, t. III, p. 9, 10. — Gioberti; *Del rinnovamento civile d'Italia*, t. I, p. 199, 323.

bèrent dans l'erreur de leurs ancêtres (18); mais le parti qui gouverna la Sicile, pendant la révolution, et qui, chose étrange, voulait en même temps la liberté et la monarchie, l'indépendance

(18) M. Frédéric Napoli, un des députés les plus dévoués au ministère sicilien, écrivait : « Les traités de 1815 sont morts... Si le royaume Lombard-Vénitien peut se détacher de l'Autriche, la Sicile aussi peut se détacher de Naples. — *L'indipendenza et la lega*, journal de Palerme, n. 22.

Il considérait donc que le lien unique qui unissait la Sicile à Naples, c'était le traité de Vienne, sans compter pour rien les liens naturels qui attachent les provinces entre elles. Il ignorait peut-être que le royaume Lombard-Vénitien ne se détachait pas de l'Autriche, mais il s'affranchissait de la domination étrangère, fortifiait l'Italie et en garantissait l'indépendance, tandis que la Sicile se détachait de Naples, province italienne comme elle, affaiblissait sa force nationale, et compromettait son indépendance. En effet, pendant que le royaume Lombard-Vénitien s'affranchissait de la domination étrangère, il votait sans difficulté sa fusion avec le Piémont. Partant, l'exemple qu'on pouvait retirer de la conduite des Lombards, c'était d'affranchir la Sicile de l'influence dont la menaçait le protectorat anglais, en acceptant la fusion avec toute autre province italienne.

Pour empêcher toute mauvaise interprétation de nos intentions, nous déclarons vouloir seulement approuver ce que disait l'exilé génois : « Quando il trattalo del 1815 « uni Genova ad altro stato d'Italia.... quanti fra noi ama- « vano la patria comune, quanti aveano desiderio e cer- « tezza nell'avvenire salutarono quella unione come un « fatto provvidenziale. » — Mazzini ; *Lettera ai Siciliani*.

de l'île et la fédération italienne (19), au lieu d'avouer ses fautes, lance ses anathèmes contre la diplomatie anglaise et française, sans s'apercevoir qu'en accusant l'une en même temps que l'autre, a fait preuve de peu d'intelligence et est tombé dans une contradiction évidente; car, à l'égard de la Sicile, la politique de la France devait être nécessairement opposée à la politique de l'Angleterre, comme l'intérêt de l'une était opposé à l'intérêt de l'autre.

Depuis longtemps l'Angleterre, reine des mers, y cherche partout des stations; la France, puissante sur le continent, est intéressée à le tenir à l'abri des attaques maritimes. L'Angleterre, pour garder son empire des Indes, doit balancer l'influence russe en Grèce et l'influence française à Constantinople, et empêcher toute invasion en Orient (20); la France, pour garder son rang et sa puissance, doit balancer l'influence de l'Autriche en Italie et y empêcher son agrandissement (21).

En 1848-1849, l'intérêt de la France ne pouvait donc pas être celui de l'Angleterre à l'égard de la Sicile, qui est l'île la plus importante, la plus

(19) « La federazione non garentirebbe la Sicilia dalle « cupidità straniere.... all'Inglitterra piacerebbe il dissidio « dell'isola per signoreggiarla. — Gioberti; *Del rinnova-* « *mento*, etc., t. I, p. 202.

(20) Ségur, *Politique des cabinets d'Europe*, t. I, p. 326.

(21) Ségur, *Politique des cabinets d'Europe*, t. II, p. 246, 349, t. III, p. 55-67.

peuplée et la plus fertile de la Méditerranée. Province italienne, on peut la regarder comme un boulevart de l'indépendance de l'Italie, tandis que seule et séparée de cette dernière, elle peut devenir pour elle un point menaçant, ainsi que cela est arrivé de 1806 à 1815. Elle est le point le plus stratégique pour tous les événements possibles dans la Méditerranée et dans l'Orient (22).

Depuis longtemps la France possède l'Algérie, et l'Angleterre l'Indostan ; le commerce des deux nations est immense et presque égal ; toutes deux ont un pareil avantage à naviguer librement dans la Méditerranée ; maintenant, si la France pouvait acquérir Minorque et devenir maîtresse de Port-Mahon, de Tunis ou de Tripoli, la Méditerrannée deviendrait un lac français ; si, au contraire, l'Angleterre pouvait prendre possession de la Sicile, maîtresse comme elle l'est de Gibraltar, des îles Ioniennes et de Malte, elle commanderait sur toute la Méditerranée (23).

La France peut être, à bon droit, fière de sa gloire et vanter ses victoires. Son drapeau a fait le tour du monde ; mais si elle se demandait quel profit elle a retiré de tant de sacrifices, de tant d'argent, de tant de sang répandu, elle trouverait qu'elle a perdu, en moins d'un siècle,

(22) Aceto, p. 103.

(23) *Memorie storiche e critiche della rivoluzione siciliana del* 1848. — Londres, 1851, t. I, p. 249.

une grande partie de ce qu'elle possédait. Ainsi, en 1848, quand elle n'avait rien à craindre dans une lutte nouvelle, elle était intéressée à propager ses principes démocratiques, qui, endormis ou comprimés, pouvaient être étouffés, même dans son sein ; tandis que l'Angleterre, sans les victoires et les sacrifices immenses de la France, a répandu sa puissance sur les cinq parties du monde, de façon que, dans une guerre, fût-elle provoquée par le despotisme ou par la liberté, par l'ambition des princes ou par les exigences des peuples, elle n'aurait rien à gagner, mais beaucoup à perdre. C'est pour cela que l'Angleterre, qui, en 1847, avait tenté de troubler l'Italie pour prendre une revanche sur les mariages espagnols, quand l'Autriche, sa vieille alliée, avait suivi la politique française, et, pour en détruire, ou au moins en affaiblir toutes les conséquences, voyant, en 1848, la question espagnole modifiée par la chûte de la dynastie d'Orléans, était, plus que toutes les autres puissances de l'Europe, intéressée à conserver la paix.

Et, attendu que malgré toutes les protestations de paix, de profondes causes de guerres et de révolutions étaient permanentes sur tous les points de l'Europe, elle déployait la plus grande habileté, tantôt pour modérer l'ambition des princes, tantôt pour étouffer tout mouvement populaire.

Mais tout cela ne dissipait pas la crainte de la guerre, et on comprenait partout que, si elle éclatait, son théâtre principal serait l'Italie et la Méditerranée, car c'était dans les plaines de l'Italie et sur les bords du Rhin que les ambitions des princes devaient se briser, ou se vider la querelle entre le despotisme et la liberté; c'était dans la Méditerranée et sur les rives du Bosphore qu'on devait trancher la grande question d'Orient et arrêter la destinée de l'empire ottoman. En vue de ces événements, sinon très prochains, du moins fort possibles, et toujours menaçants, la politique de la France, à l'égard de la Sicile, ne pouvait être qu'entièrement opposée à celle de l'Angleterre.

Il est possible que ces deux politiques ne se fussent développées que le jour où le signal de la guerre eût été donné; mais, dans les préliminaires de la lutte, l'une ne se serait pas laissée devancer par l'autre. Elles auraient toutes deux peut-être, subi des modifications, selon que la France aurait combattu en amie plutôt qu'en ennemie de l'Angleterre; mais, en tous cas, l'une n'aurait pas cédé le pas à l'autre. Il est probable qu'on aurait pu ménager différemment ces deux politiques, suivant l'esprit des hommes qui auraient gouverné la France et l'Angleterre, mais il aurait été impossible de les effacer.

Pourtant, en 1848, l'Angleterre s'efforçait de séparer la Sicile de l'Italie, unique moyen pour elle d'en obtenir la domination ou le protectorat; tandis que la France devait faire tous ses efforts pour la tenir liée à la mère-patrie (24), afin d'empêcher l'accroissement de la puissance anglaise dans la Méditerranée et l'affaiblissement de l'Italie. Ainsi l'Angleterre employait la politique de séparation, tandis que la France devait employer la politique d'union; ainsi le but de l'Angleterre était *de locro captando*, et le but de la France *de damno evitando* (25).

Même en écartant ces considérations, il serait toujours évident qu'en 1848 il y avait un principe qui séparait la France de l'Angleterre. La France venait de proclamer la république, et l'Angleterre s'attachait de plus en plus à la monarchie; les peuples qui, comme la France, auraient proclamé la république, seraient entrés dans la politique française; et ceux au contraire qui auraient conservé la monarchie, même en substituant à l'ancien un régime nouveau, se seraient rattachés nécessairement à la politique de l'Angleterre. Il est donc bien étrange et bien injuste de se plaindre en même temps de l'une et de l'autre. Il faut connaître la politique suivie par la Sicile pour juger la puissance contre laquelle les plaintes des Siciliens pourraient être fondées.

(24) *Memorie storiche*, etc., p. 249.

(25) *Programma rivolutionario pel popolo siciliano*. Appendice, p. 172. — Lamennais, *Le pays et le gouvernement*. — Gioberti, *Del rinnovamento civile*, t. I, p. 113.

V.

L'Angleterre, constante dans sa volonté de conserver avec la paix ses possessions et sa prépondérance en Europe, ménage tous les moyens pour empêcher toute cordiale amitié entre la France et les puissances du Nord, ainsi que toute prépondérance de la politique russe en France ou de la politique française en Russie. Aussi lorsqu'elle soupçonne que la politique de l'une peut dominer celle de l'autre, elle vient bien vite au secours de la plus faible ; et si elle craint que les deux politiques marchent d'accord, elle excite habilement des troubles populaires pour empêcher cette union. L'histoire de plus d'un demi siècle constate cette vérité, et c'est pour cela que dans la politique anglaise il n'y a rien d'absolu ni de radical : alliances, protections, agitations, réactions, tout est employé à maintenir un équilibre qu'on a prétendu créer par les traités.

Blessé des mariages espagnols, le cabinet anglais apprit avec joie les cris de réforme qui retentirent en Italie et ne vit pas sans satisfaction l'insurrection de Reggio et de Messine en 1847. Voulant troubler l'Autriche sans pousser les choses trop loin, il envoyait en Italie lord Minto, qui employa toute son habileté, d'un côté à insinuer aux princes des réformes capables d'intimider l'Autriche (26), et de l'autre à décourager les novateurs qui, par une révolution radicale, auraient pu devancer le but de l'Angleterre (27); c'est pour cela que ses consuls se tenaient dans la plus grande réserve (28).

L'insurrection de Palerme, la première, alla plus loin que l'Angleterre ne le voulait; le 12 janvier 1848, la révolution éclata en Sicile aux cris de l'indépendance sicilienne et de la constitution de 1812. Après les premières victoires remportées par le peuple sur l'armée bourbonienne, le comité de Palerme s'adressa à lord Napier (29) en le priant d'obtenir la médiation de l'Angleterre entre la Sicile et le roi de Naples.

Lord Napier non-seulement ne répondit pas à cette invitation, mais il laissa l'affaire entre les mains du capitaine Key et du consul anglais qui se trouvaient à Palerme, et à qui l'ordre avait été donné de n'accepter aucune médiation entre les Siciliens et l'armée napolitaine (30).

(26) La Masa, t. I.

(27) Dépêche de lord Minto à lord Palmerston, 18 janvier 1848. — La Masa, t. I, p. 206.

(28) Dépêche de lord Palmerston à lord Napier, 18 janvier 1848. — *Correspondence respecting the avairs of Naples and Sicily*, 1848-1849. — La Masa, t. I, p, 201. — *Memorie storiche*, etc., t. I, p. 47.

(29) Dépêche du 24 janvier 1848. — *Memorie storiche*, t. I, p. 91. — La Farina, t. I, p. 88.

(30) Dépêche de lord Napier au capitain Key, 22 janvier 1848. — La Masa, t. I, p. 206.

Lord Minto, bien que chargé des affaires d'Italie et instruit des démarches des Siciliens, ne voulant pas s'engager personnellement, désirait étouffer le germe de la révolution. Il se tint dans la plus grande réserve avec les Siciliens et borna ses insinuations près du roi de Naples à obtenir quelques concessions (31).

Mais, contre toutes les prévisions de lord Minto, les événements se succédèrent rapidement; les rois de Sardaigne et de Naples octroyèrent la constitution, ceux de Rome et de Toscane étaient sur le point de suivre cet exemple; ce fut alors que le noble lord se souvint de la Sicile, et par une dépêche du 12 février, il fit connaître au comité de Palerme que S. M. sicilienne lui avait exprimé le désir qu'il se chargeât de la médiation et qu'il était prêt à se rendre dans l'île, si les Siciliens partageaient l'avis du roi (32). Le comité en acceptant son offre, comme représentant de la Grande-Bretagne, l'invita à se rendre à Palerme (33).

Ainsi, les Siciliens par leur proclamation étaient entrés dans la politique anglaise, et par leur conduite ils excluaient la France de toute intervention dans les affaires d'Italie.

(31) Dépêche de lord Minto à lord Palmerston, 18 janvier 1848.

(32) Dépêche de lord Minto à M. G. Goowin, consul de S. M. B. à Palerme.

(33) Dépêche du comité de Palerme à lord Minto, 14 février 1848.

A notre avis, c'était une faute inexcusable (34) et suffisante pour bien peindre le caractère des hommes qui dirigeaient alors la Sicile, faute d'autant plus grande que Louis-Philippe, dans ce moment, régnait en France; Louis-Philippe qui avait mérité toute la sympathie des Siciliens, lorsqu'en 1810-1814, prenant le parti des Anglais, il était prêt à combattre contre la France (35); Louis-Philippe, qui, en janvier 1848, à la nouvelle de l'insurrection de Sicile, avait dit au marquis Normanby que cette insurrection était juste, parce que les Bourbons avaient violé la constitution et abusé de la force (36); Louis-Philippe, dont le consul à Messine, M. de Maricourt, intervint, avant tous les autres consuls, pour faire cesser le feu de l'impitoyable Bourbon (37). Ferdinand ne tomba pas dans cette faute; il fit habilement intervenir l'ambassadeur français (38), préparant ainsi de funestes conséquences à l'erreur des Siciliens.

Mais laissons à l'écart la politique suivie par

(34) La considération d'un état nouveau dépend de son début. — Saint-Priest, *Études diplomatiques*, p. 37.

(35) Aceto, p. 100 et suiv. — Palmieri, p. 65 à 206. — Dumas, *Histoire de Louis-Philippe*, t. I, p. 150, 151.

(36) *Correspondance*, etc., p. 54. — *Memorie storiche*, t. 1, p. 68.

(37) *Memorie storiche*, t. 1, p. 135.

(38) *Memorie storiche*, t. I, p. 139.

les Siciliens envers la France monarchique, et examinons leur politique en face de la France républicaine, de la France en révolution comme la Sicile.

Depuis la dépêche du 12 février, lord Minto, qui voulait temporiser pour tirer avantage des événements sans se compromettre, ne songea pas à se rendre à Palerme (39). Ce fut la révolution de Paris qui le détermina à solliciter vivement des concessions près du roi de Naples (40).

Le 6 mars, Ferdinand publia quatre décrets par lesquels il convoquait le parlement sicilien à Palerme pour le jour désigné, et selon toutes les formes adoptées par le comité de Palerme dans l'acte de convocation du 24 février, et dans le but d'appliquer aux temps présents la constitution de 1812 (41); il reconnaissait aussi l'indépendance administrative de la Sicile, avec un lieutenant-général, des ministres de grâce et justice, des affaires ecclésiastiques, des affaires intérieures et des finances, et un ministre d'État résidant près de lui pour les affaires de l'île.

Le 10 mars, lord Minto arriva à Palerme, où une députation de Siciliens chargée de la négociation, vint à sa rencontre. Lord Minto lui remit

(39) Séance à la chambre des lords, 8 août 1848.

(40) La *Presse*, 1848, n. 4,331.

(41) Un des décrets du 6 mars est la copie fidèle de l'acte du 24 février publié par le comité général de Palerme. — *L'indipendenza e la lega*, journal de Palerme; n. 4 et 7.

les décrets du 6 mars. Mais si, jusqu'au mois de février, il avait désiré la paix, moyennant quelques concessions suffisantes à ses projets d'alors, après le 24 février, sa politique était changée. La chûte de la maison d'Orléans avait rendu sans intérêt et sans influence la question des mariages espagnols, et la proclamation de la république en France donnait à craindre de graves événements. Aussi, attachant plus d'importance à la vie politique de la Sicile, d'un côté, il insinua aux Siciliens le refus des décrets du 6 mars (42), et de l'autre, leur déclara qu'il fallait que le comité de Palerme, dans le délai de 48 heures, acceptât comme base de la négociation, le maintien de la couronne de Sicile sur la tête de Ferdinand, en formulant ensuite toutes les garanties jugées indispensables à la conservation de l'indépendance sicilienne (43).

On vit renaître alors les chimères et les illusions qui, pendant plusieurs siècles, avaient séduit et égaré les Siciliens; d'autant plus que si l'indépendance d'un État de deux millions d'hommes est une chimère (44), l'indépendance de la Sicile avec un roi qui dût la gouverner de Madrid, de Vienne, de Turin; de Naples est un délire, une folie.

Cependant, s'il est vrai que les décrets du 6

(42) Carnazza, p. 47.

(43) Carnazza, p. 32. — La Masa, t. I, p. 186.

(44) Rossi, *Cours d'économie politique*, t. 3, p. 9, 10.

mars ne donnaient pas assez de garanties pour l'indépendance de la Sicile, il est vrai aussi qu'il n'y avait aucun moyen de l'assurer sans repousser tout d'abord la base de la négociation (45), l'indépendance d'un État ne pouvant être solide ni durable, quand son roi possède des États éloignés et plus vastes, où il est obligé de résider. Il était d'ailleurs plus qu'étonnant que l'*amitié*, la *sympathie*, la *générosité* de la Grande-Bretagne n'accordassent qu'un délai de 48 heures pour répondre à une proposition si grave et résoudre une question si importante (46).

Toutefois le comité général ne s'en inquiéta pas ; sans consulter l'esprit public du pays, sans en instruire les représentants de la République française et sans tenir compte du parlement, qui déjà convoqué, allait se réunir le 25 mars, il se hâta de satisfaire, en moins de 24 heures (47) aux exigences de l'Angleterre.

Le 12, la députation sicilienne présenta à lord Minto l'acceptation de la base proposée et les

(45) Carnazza, p. 47.

(46) Pour connaître l'esprit véritable de cette conduite, il serait utile de lire dans la *Correspondence*, etc., la dépêche du baron Antonini au ministre Serra-Capriola, 15 mars 1848. — *Programma rivolutionario, etc., Appendice*, p. 206.

(47) Le 10 mars, la députation ne fit qu'une visite de convenance à lord Minto ; la négociation commença le 11, et le 12 furent présentées les conditions proposées par le comité. — La Masa, t. I, p. 186.

conditions par lesquelles le comité général demandait surtout : « que le vice-roi en Sicile fût un « *alter ego* irrévocable avec tous les droits que « la constitution de 1812 accordait au pouvoir « exécutif; — que le roi de Naples cédât à la « Sicile la quatrième partie de la flotte, des ar- « mes et des munitions de guerre ; — que le « trésor napolitain payât les dommages faits dans « le port franc de Messine ; — que non-seule- « ment les ministres accordés à la Sicile par les « décrets du 6 mars, mais aussi ceux de la « guerre, de la marine et des affaires étrangères « résidassent près du vice-roi, sans que le roi « de Naples pût conserver près de lui un ministre « spécial pour les affaires de la Sicile ; — qu'enfin « la Sicile pût se faire représenter dans la fédé- « ration politique ou commerciale de l'Italie, « comme État indépendant, et par un ministre « nommé par le vice-roi (48). »

Il ne faut pas discuter sur ces prétentions (49), mais il est bon de dire que tout le monde resta étonné lorsqu'on apprit que le noble lord, non seulement les approuvait et les acceptait, mais promettait encore de les appuyer près du roi de Naples (50). Aussi pensa-t-on généralement que la puissance du roi de Naples s'était affaiblie, et

(48) La Masa, t. I, p. 188.
(49) On pourrait voir Carnazza, p. 47.
(50) La Masa, t. I, p. 188. — Carnazza, p. 47.

que le médiateur anglais avait le double but de paraître lui rendre service et de le dépouiller, en le mettant dans l'obligation d'accepter ces conditions ou en mettant son refus à profit pour pousser la Sicile dans les intérêts anglais. Le lecteur pourra juger sur l'ensemble des faits si cette conjecture était fondée ou irraisonnable; il est certain que la protection de l'Angleterre ne suffit pas pour persuader le roi de Naples à accepter les conditions siciliennes qui furent nettement repoussées.

Cependant le feu révolutionnaire menaçait de consumer l'Allemagne, l'insurrection avait triomphé à Milan et à Venise; l'armée piémontaise marchait pour l'affranchissement de l'Italie, la France paraissait vouloir intervenir et faisait insinuer au gouvernement sicilien de proclamer la république (51). Ainsi le principe politique de

(51) On parla de ces insinuations en Sicile; on dit même que le gouvernement avait répondu que la Sicile ne voulait pas de république, nous en avons été assurés par un ministre français, qui est toujours dans la diplomatie, par un secrétaire d'ambassade qui est toujours à sa place, par un prince sicilien qui est toujours dans l'émigration, et par un des chefs de la révolution napolitaine, qui reste toujours à l'étranger.

Parmi les documents officiels nous ne trouvons qu'une dépêche du 14 avril 1848, adressée par M. Stabile, ministre des affaires étrangères en Sicile, à lord Minto, où il est dit : « Le gouvernement vient d'acquérir une grande « influence sur le peuple et sur le parlement; le décret de

l'Angleterre était menacé, la guerre allumée. Alors le cabinet de Saint-James voulant prévenir la République française, lui arracher le premier triomphe, poussa le ministère sicilien à déclarer la déchéance de la dynastie des Bourbons du trône de Sicile, tout en conservant la forme monarchique du gouvernement (52).

Rien de plus absurde que cet acte, qui n'avait d'autre utilité que de donner à l'Angleterre l'assurance du dévouement sicilien pour la monarchie; il était à tout égard imprudent et dangereux, car il allumait la guerre entre Naples et la Sicile, dans un moment où celle-ci n'avait pas un soldat, pas un fusil, pas une cartouche; il tranchait définitivement toute négociation avec le roi de Naples et ne pouvait pas d'ailleurs présenter aux puissances d'Europe l'importance d'un fait accompli, puisqu'il laissait la Sicile incertaine et chancelante à l'intérieur, sous un gouvernement provisoire, et à l'extérieur, faible, isolée, et incapable de se faire reconnaître, ou de se faire admettre dans la diète, ou dans la confédération

« déchéance est prononcé, et toute crainte de république « est dissipée.» — Et une autre dépêche du 26 avril 1848, adressée par lord Normanby à lord Palmerston, où on lit: « Il y a un parti en France qui se réjouirait de la proclama- « tion de la république en Sicile comme du triomphe de ses principes. — *Correspondence*, etc. — La Farina, t. I, p. 225.

(52) Séance de la chambre des lords, 8 août 1848.

italienne, où devaient intervenir le pape, Charles-Albert, le roi de Naples et le grand duc de Toscane (53).

Toutefois, les hommes du pouvoir, méprisant toute considération, et obéissant toujours aux conseils de la Grande-Bretagne, se hâtèrent de la satisfaire, et, le 13 avril, le parlement sicilien déclara déchue à jamais la dynastie bourbonienne du trône de Sicile, adopta la forme monarchique du gouvernement, et se *réserva d'appeler un prince italien sur le trône après avoir achevé la constitution* (54).

L'Angleterre, qui obtenait tant de déférence, aurait dû au moins soutenir le décret du 13 avril, d'autant plus que ses précédents, sa conduite, son honneur, son intérêt, lui en faisaient un devoir (55); mais quel acte, quel principe, quel intérêt y obligeait la France? La France qui, révolutionnaire et républicaine, n'avait été ni recherchée ni consultée! La France, dont le décret

(53) La dépêche du 14 avril 1848, adressée par le ministre Stabile à lord Minto, *Correspondence*, etc., devrait convaincre tout le monde que le gouvernement de Palerme ne comprenait rien de toutes ces considérations.

(54) « Il faut être juste à l'égard de toutes les nations, « puissantes ou faibles, amies ou non, mais il faut se refu-« ser, à l'égard des premières, à tout acte d'une lâche com-« plaisance, comme à l'égard des dernières à tout acte de « rigueur et d'indifférence. » Rayneval, *Institutions du droit de la nature et des gens*, p. 323.

(55) *V.* note 51.

blessait en même temps l'intérêt par la séparation de la Sicile de l'Italie, les principes politiques par la proclamation de la monarchie, l'influence, enfin, parce qu'on faisait tout sans ou malgré ses conseils.

Et si l'on considère que la France, au lieu de contraindre les Siciliens à rester liés à l'Italie, se contenta, pour balancer l'influence de la Grande-Bretagne, et pour empêcher son protectorat, de leur insinuer la proclamation de la république, en lui offrant son appui (56), on ne peut entendre sans étonnement et sans indignation, l'accusation de perfidie lancée contre elle par ceux-là mêmes qui ont méprisé ses plus sages conseils.

On a dit que la grande mission de la République française était la délivrance des peuples opprimés, l'affranchissement des nationalités violées, la propagande de la république démocratique, de la liberté, de l'égalité, de la fraternité; on a dit aussi que le Gouvernement français resta au-dessous d'une si grande mission. Sans nous arrêter à ces opinions, nous nous bornerons à ces simples questions : Ceux qui voulurent en Sicile la monarchie, les deux chambres (57), les pairs à vie (58), le suffrage restreint (59), la minorité

(56) *V.* note 51.
(57) Constitution sicilienne du 10 juillet 1848, art. 5.
(58) Id., art. 96.
(59) Id., art. 7.

numérique comme majorité légale (60), et par dessus tout la protection anglaise, peuvent-ils se plaindre que la France n'ait pas imposé à la Sicile la république, le suffrage universel, l'unité de l'assemblée législative, etc.? Quand ils n'ont pas voulu que la France, en accomplissant sa mission, leur imposât son principe politique, comment osent-ils prétendre que la France, qui avait chassé son roi, fût devenue le soutien d'un nouveau roi en Sicile? qu'elle fût devenue l'appui d'une institution qu'elle venait de renverser elle-même?

Le gouvernement français ne voulant ni remplir sa mission, ni dompter l'esprit factieux du cabinet de Palerme, ne pouvait que se tenir à l'écart dans les affaires siciliennes et les abandonner à leur sort; c'était la conduite la plus généreuse que la République française pût tenir envers les Siciliens, qui voulaient la monarchie et l'indépendance! Toutefois, il faut le dire, le gouvernement français ne détourna pas ses bienfaits, et, malgré l'ingratitude des ministres siciliens, il aida la Sicile plus que ne le fit la superbe Albion.

VI

Cinq mois s'étaient écoulés depuis le triomphe de la révolution en Sicile, et non-seulement le

(60) Id., art. 20.

peuple n'était pas encore armé, mais le gouvernement n'avait à sa disposition ni fusils ni cartouches. Dès les premiers jours de février, le comité général avait chargé son président d'acheter des armes et des munitions à l'étranger. Le président et tout son parti, dévoués à l'Angleterre, répétaient bien haut qu'on avait envoyé à Malte et à Londres, pour se procurer promptement les moyens d'armer le pays et d'assurer sa défense (61).

Le 25 mars, le président du comité général, dans son discours pour l'ouverture du Parlement, dit : « Le comité n'a pas oublié le besoin très « pressant des armes ; la garde nationale et la « troupe seront bientôt pourvues de fusils. Le « comité espère que cette assurance vous suffira, « et que vous ne l'obligerez pas à vous donner « des explications inopportunes dans les cir- « constances où se trouve la Sicile (62). »

Malgré tout cela, le gouvernement, qui s'était empressé à faire prononcer le décret du 13 avril, n'avait pas encore pu obtenir un fusil de l'Angleterre, bien qu'il en eût expédié d'avance la valeur en argent. Le 16, le ministère, interpellé à la chambre des communes, sur la question des armes, répondit qu'il ne pouvait dévoiler toutes ses

(61) Séance du 30 mai 1848 à la chambre des communes en Sicile. — *L'indipendenza e la lega*, n. 64. — La Farina, t. I, p. 260.

(62) *L'indipendenza e la lega*, n. 13.

opérations, mais qu'il pouvait assurer que les armes seraient arrivées à Palerme dans quinze jours (63).

Les quinze jours s'écoulèrent, et les armes n'arrivèrent pas. L'Angleterre, comptant toujours sur l'obéissance du gouvernement sicilien, n'avait pas d'armes pour la défense de la Sicile! On a soupçonné que les deux cabinets de Londres et de Palerme, dans le but d'empêcher la proclamation de la république, et d'imposer un gouvernement aristocratique, un roi et le protectorat anglais, étaient tombés d'accord pour tenir le peuple sicilien désarmé. Nous ne pouvons pas confirmer cette opinion, mais personne n'osera nier que les Siciliens ne purent obtenir un seul fusil de l'Angleterre, de façon que, dans le mois de mai, l'opposition parlementaire étant devenue exigeante sur la question des armes (64), et la clameur publique menaçante, le gouvernement fut obligé de déclarer dans un manifeste, qui, suivant quelques journaux poussait à la guerre civile et violait la constitution (65), n'avoir pu s'en procurer.

(63) Séances du 16 avril, 4, 26 et 30 mai, à la chambre des communes. — *L'indipendenza e la lega.* — *Memorie storiche*, t. I.

(64) *V.* note 56.

(65) Manifeste du gouvernement sicilien, 31 mai 1848.— *L'indipendenza e la lega*, n. 64 et 68. — Ce manifeste donne la véritable idée du caractère et du but du gouvernement sicilien. — *Memorie storiche, critiche*, t. I.

Cependant le gouvernement sicilien, malgré ses antipathies, et poussé par l'agitation publique, tourna ses regards vers la France, et obtint en quinze jours toutes les armes qu'il demanda (66). Il eut le bonheur de se présenter à la chambre des communes pour y annoncer que le gouvernement français s'était empressé de satisfaire aux demandes des Siciliens, et que déjà le vapeur *Palerme* était revenu de Marseille avec des fusils, des canons et de la poudre (67). Ainsi, les premières armes obtenues par la Sicile furent des armes françaises!

S'il est étonnant de voir le gouvernement sicilien, après avoir suivi la politique anglaise en blessant l'intérêt de la France, dans l'impossibilité de tirer un fusil de l'Angleterre pendant cinq mois, tandis que, en quinze jours, il peut puiser selon son désir, dans tous les arsenaux de la France, n'est-il pas merveilleux de voir le gouvernement français renoncer à ses désirs, à sa propagande, et pourvoir, mieux que le cabinet de Palerme même, à la défense de l'île, en lui fournissant des armes pour assurer son indépendance, balancer l'influence anglaise, et empêcher son protectorat (68)? Après des faits si

(66) La Masa, t. II, p. p. 277.

(67) Séance du 7 juin à la chambre des communes, *L'indipendenza e la lega*, n. 69.

(68) « L'Angleterre, qui avait protégé la pacification de « Gand (1555), donnait des secours d'hommes et d'argent à

éloquents, qui pourrait ne pas reconnaître que la France fit à la Sicile tout le bien que l'Angleterre ne voulut pas lui faire, et qu'elle devait lui faire?

Après cette démonstration amicale, faite par le gouvernement français à la Sicile, après la déclaration faite par Lamartine, chef de ce gouvernement, que la France voulait l'affranchissement de l'Italie, que l'armée française était prête à passer les Alpes au premier appel des Italiens (69), quel fut la politique adoptée par le gouvernement de Sicile à l'égard de la France? Il trompa l'envoyé français!

VII

La marche de Charles-Albert, la politique du cabinet piémontais, l'esprit de la France, la proclamation de Lamartine, n'étaient pas agréables à l'Angleterre, qui ne voulait pour l'Italie ni la république, ni la force, ni la nationalité; elle chercha sa revanche en Sicile, en poussant le gouvernement à élire un roi, et à décerner la couronne au duc de Gênes. La France, se conten-

« la révolution des Pays-Bas. Blâmée de cette conduite, la « reine Elisabeth répondit : Je l'ai fait dans un double but, « celui d'empêcher les insurgés, réduits au désespoir, de se « donner à une puissance étrangère... Rayneval, *Institution du droit de la nature et des gens*, note p. cij.

(69) 20 mai 1848. Lamartine à l'Assemblée nationale, séance du 23 mai 1848. — La Farina, t. II, p. 251.

tant, comme nous l'avons dit, de contrebalancer l'influence anglaise, et, confiante dans la gratitude que lui devait le gouvernement sicilien, espéra que, dans cette circonstance grave, ses conseils seraient suivis : c'étaient effectivement les plus sages.

M. Baudin, fils de l'amiral, envoyé du gouvernement français, faisant observer au cabinet de Palerme que l'élection du duc de Gênes ne pouvait ni réussir, ni être utile, lui proposa, comme conseil de son gouvernement, d'élire le fils du grand-duc de Toscane (70).

Notre tâche n'est pas d'examiner si la mission du gouvernement français était vraiment remplie en proposant des rois aux peuples insurgés, nous voulons seulement nous expliquer franchement sur le conseil de la Grande-Bretagne et celui de la France, sur le candidat de l'une et le candidat de l'autre. Quel était le meilleur choix à faire? quel était surtout celui qu'on devait accepter dans l'intérêt de la Sicile et de l'Italie tout entière? Selon nous, tout doute était un crime, tant, à nos yeux, l'emportait le candidat de la France.

Charles-Albert et ses fils étaient déjà engagés dans la guerre d'Italie, l'adjonction de la Lombardie et de la Vénitie au Piémont, était pour eux une large et brillante récompense; mais aucun intérêt ne portait encore le duc de Toscane

(70) Dépêche du ministre Stabile au commissaire La Farina, 7 juillet 1848. La Farina, t. I.

à prendre part à la guerre. Cependant la lutte était inévitable pour assurer la nationalité et l'indépendance de l'Italie ; l'acceptation du candidat de la France par les Siciliens pouvait pousser le grand-duc à la guerre, et à réunir ses forces à celles de Charles-Albert pour combattre contre l'Autriche.

D'ailleurs il était facile de comprendre que le conseil du cabinet de Paris devait et pouvait avoir une issue, tandis que celui du cabinet de Londres, en augmentant les embarras de la cour de Turin, ne pouvait que plonger la Sicile dans l'incertitude, et peut-être la pousser à l'abîme.

Le duc de Toscane avait ouvertement déclaré qu'il accepterait pour son fils le trône de Sicile (71) ; on pourrait dire même qu'il l'ambitionnait, car il tenait à Palerme, dans ce but, un agent officieux (72) ; tandis que Charles-Albert et le duc de Gênes n'avaient pas été consultés, et que l'élection de ce dernier devait soulever les plus graves questions politiques.

L'acceptation du duc de Gênes était-elle en harmonie avec la politique manifestée par le gouvernement de Sardaigne, qui proclamait la formation du royaume de la Haute-Italie, en présence de l'Autriche armée? Dans une pareille situation,

(71) Dépêche du 17 juin 1848, adressée par M. George Hamilton, ministre anglais à Florence à lord Napier. *Correspondence*, etc. — La Farina, t. I, p. 230.

(72) La Farina, t. I, p. 230.

Charles-Albert pouvait-il consentir au partage du royaume des Deux-Siciles et s'engager dans une autre guerre contre le roi de Naples?

Si le gouvernement sicilien s'était arrêté un moment sur ces questions et en avait sondé la profondeur, il n'aurait certainement pas hésité à se ranger à l'avis de la France; mais lui, fier de vanter son indépendance, tandis qu'il ne pouvait vivre que d'une vie humble et précaire, ne se donna pas la peine de peser la valeur de ses actes et de prévenir des difficultés inévitables. Soumis et dévoué au cabinet anglais, il confia à son égoïsme la solution de toute difficulté; peut-être espéra-t-il que les armes de l'Angleterre surmonteraient facilement tous les obstacles. Ignorant les vicissitudes passées, orgueilleux autant qu'ébloui de la protection de la Grande-Bretagne, il ne soupçonna pas même le but de la politique anglaise. L'avis de la France fut dédaigné.

Toutefois, n'ayant pas le courage de manifester franchement le parti qu'il avait adopté, il répondit à M. Baudin : — « que le fils du grand « duc était mineur, et que la Sicile ne voulait « pas de régence (73). »

Ainsi la Sicile qui n'avait pas été consultée, qui ne connaissait pas les conseils de la France,

(73) Dite dépêche de M. Stabile, 7 juillet 1848. — La Farina, t. I, p. 137.

les démarches du grand duc, les difficultés qu'aurait rencontré l'élection du duc de Gênes, ni l'utilité que présentait l'élection du duc de Toscane, bien que mineur, la Sicile, en un mot, tenue toujours dans l'ignorance de tout ce qui se passait, était invoquée pour masquer la décision de son gouvernement.

Ces considérations ne pouvaient pas échapper à la pénétration de l'agent français, et le gouvernement sicilien, qui le comprenait bien, ajouta : — « qu'on n'aurait pas rencontré de difficulté « pour élire le grand duc même s'il avait voulu « accepter la couronne sicilienne, en laissant son « fils avec la régence en Toscane. (74). »

Par cette déclaration, qui compliquait encore les difficultés, le gouvernement espéra d'un côté accréditer ses assertions sur la volonté du pays, et de l'autre, se débarrasser des insistances de M. Baudin; mais celui-ci loin de reculer en présence de ces étranges discours, envoya le soir même du 7 juillet sur un bateau français, l'agent officieux de la cour de Toscane, pour consulter le grand duc sur la proposition du gouvernement sicilien (75).

Cette démarche inattendue tourna la tête aux ministres siciliens, qui, voulant satisfaire l'Angle-

(74) Dite dépêche du 7 juillet.

(75) Dite dépêche du 7 juillet.

Le même jour, 7 juillet 1848, le *Siècle* écrivait à Paris : « Nous sommes persuadés que la République française ne

terre (76) et craignant la réponse du grand duc, prirent le parti de ne pas attendre cette réponse et de servir l'Angleterre en pressant de tous côtés l'élection du roi.

Il est impossible de bien peindre le triste spectacle que le gouvernement donna, en cette conjoncture pour mieux prouver sa déférence envers l'Angleterre qui avait si victorieusement protégé la Sicile en 1814-1816, si vaillamment soutenu ses droits en 1821 (77), et qui devait, comme

« trahira pas la confiance de la Sicile, et qu'elle se montrera plus généreuse envers elle que l'Angleterre ne l'a « été en 1816. » — Ce fut la confiance du ministère de Sicile qui le même jour faisait défaut.

(76) Séance du 8 août 1848 à la chambre des lords.

(77) Séance du 21 juin 1821 à la chambre des communes. — M. Fiquelmont, l. c., t. I, p. 216, a dit : « Qu'en 1821, « après la révolution de Naples et de Sicile, le cabinet an- « glais s'adressa aux cabinets des trois cours intervenantes, « leur demandant d'user de leur influence sur celle de Na- « ples, afin d'obtenir que Sa Majesté sicilienne laissât la « Sicile dans la position où l'avait mise l'organisation de « 1816. Mais cette démarche n'eut aucun résultat, car le « roi de Naples répondit que la révolution avait changé « tous ses rapports avec la Sicile, qu'elle avait fait de l'exis- « tence d'un parlement un symbole révolutionnaire, et qu'au « moment où il avait été *forcé* de supprimer celui de Na- « ples, il lui serait impossible de rétablir celui de Pa- « lerme. »

Nous ne savons pas où M. Fiquelmont a puisé ces nouvelles : nous savons au contraire que le parlement sicilien cessa d'exister dès 1816, et que Ferdinand avait dès ce

toujours, se croiser les bras en septembre 1848 (78) et en avril 1849 (79), pour contempler tranquillement les plus lamentables catastrophes.

Le 10 juillet, le parlement sicilien s'assemble. Ignorant la véritable situation politique, les intentions de la France, les démarches de M. Baudin, les négociations du grand duc, lié au ministère par sa majorité, entraîné par les moyens et les artifices ordinairement mis en usage en pareilles circonstances par les gouvernements, désireux de la paix, admirateur d'une constitution à l'anglaise qui faisait une si belle part aux seigneurs et aux prélats, trompé enfin par les éloges pompeux décernés à la protection de la Grande-Bretagne, il se montra favorable au désir du gouvernement.

moment changé ses rapports avec la Sicile (*V.* note 16); qu'il ne fut pas forcé à supprimer le parlement napolitain, mais qu'il insista à Leybac pour le faire détruire par les étrangers ; nous savons enfin que tout ce qu'a dit M. Fiquelmont est nettement démenti par les déclarations du ministère anglais à la chambre des communes le 21 juin 1821; « Non, disait le marquis de Londonderry dans cette mé« morable séance, depuis l'année fortunée où nos troupes « évacuèrent la Sicile, pas un Sicilien n'a élevé de plainte « contre le nouvel ordre de choses! La Sicile retire des « avantages de son union avec Naples! nous n'avons rien « fait pour conserver son ancien régime, parce que nous « ne devons rien faire! »

(78) 7 septembre. Prise et destruction de Messine.

(79) 7 avril 1849. Prise et massacres de Catane.

Au milieu du silence imposé à tous ceux qui ne partageaient pas l'avis du cabinet, une grave difficulté s'élevait contre l'élection immédiate. Le décret du 13 avril disait : — « La Sicile ap-« pellera sur son trône un prince italien après « avoir réformé sa constitution, » et cependant d'une constitution qui devait se composer de cent articles, la chambre des communes n'en avait voté que trente (80), et la chambre des pairs n'avait rien reçu en communication.

Mais la raison céda à l'empressement. A la chambre des communes, un savant avocat dit :— « c'est aujourd'hui qu'il faut procéder à l'élec-« tion du roi ; le peu d'articles qui nous restent à « voter, nous les voterons en quelques minu-« tes (81). » Dans la chambre des pairs, des choses plus étranges encore se passèrent : les princes, les ducs, les barons, les évêques, les abbés prétendirent — « que le décret du 13 avril n'em-« pêchait pas l'élection du roi, même avant l'ac-« ceptation de la Constitution. Ce décret, disaient-« ils, défend d'appeler le roi avant l'achève-« ment de la constitution, et à présent il ne s'a-« git que de le nommer ! (82) »

(80) Séance du 10 juillet 1848 à la chambre des communes et à la chambre des pairs. *L'indipendenza e la lega*, n. 96.

(81) V. note 80.

(82) V. note 80.

Cet incident fournit aux illustres pairs l'occasion de faire briller leur esprit. Un prêtre interprétant le décret comme il avait peut-être interprété l'évangile, ajouta : — « Cette chambre en « délibérant sur l'élection du roi ne l'élit pas; « l'élection ne peut pas s'accomplir par une « seule chambre, mais il faut le vote du parle« ment : ainsi cette chambre, en délibérant à « présent, ne ferait que prendre l'initiative (83).

« La constitution! continua un savant juris« consulte, il faut la considérer comme achevée, « elle a été votée par la chambre des communes! « Cette chambre la votera aujourd'hui! S'il y a « des divergences entre les deux chambres, le « comité mixte décidera : nous pouvons donc « élire le roi! Les circonstances sont telles en ce « moment, qu'il faudrait même déroger à la loi « pour procéder à cette élection (84). »

Au milieu d'un si honteux empressement, une seule voix indignée s'éleva; ce fut la voix de M. Lella, pair électif de Messine. — « Je pro« teste, s'écria-t-il : je ne signerai jamais l'é« lection du roi avant l'achèvement de la consti« tution par les deux chambres. Je n'accepte pas « la fiction de son accomplissement, elle ne peut « pas être permise, quand les intérêts de la Si« cile sont compromis; je déclare donc ne con-

(83) V. note 80.

(84) V. note 80.

« sentir qu'à ce qui est légal et fait à la face de
« tout le monde.

« Ah! messieurs, continua M. Lella, pour-
« quoi ne nous empressons nous plutôt d'effacer
« les intérêts particuliers, les divergences d'opi-
« nions, s'il y en a, par suite des prétentions de
« la pairie héréditaire? » (85) Malgré les cris d'improbation, l'orateur continua: — « Oui,

(85) Ces mots font allusion aux faits suivants : — Le 30 mars 1848, les deux chambres nommèrent une commission mixte pour rédiger un projet de constitution. *L'indipendenza e la lega*, n. 17. — La commission avait dans son projet proposé deux chambres, l'une élue par le peuple, l'autre par le roi, de manière que la pairie héréditaire de la constitution de 1812 était anéantie. La chambre des pairs fut émue de cette pensée, et en fit un sujet de discussion dans sa séance du 8 juin. Les pairs héréditaires, Rammacca, prince; La Ferla, duc; Valguarnera, prince; Villalba, duc, etc., et les pairs électifs Merletta, avocat, Vagliasindi, abbé, etc., osèrent soutenir que la pairie était une propriété! son abolition une spoliation! En vain les pairs Canalotti, baron; Lella, négociant; Roccaforte, marquis; Verdura, duc, etc., combattirent la pairie héréditaire; la majorité, après avoir proposé des choses inacceptables, résolut de conserver la pairie héréditaire, d'y ajouter des pairs électifs et des pairs de droit.—On peut consulter les séances des 8, 9 et 10 juin. *L'indipendenza e la lega*, n. 72, 73, 74 et 75.

Le 10 fut publié, au numéro 71 du journal que nous avons cité, un article de M. J. D'Ondes Reggio contre les pairs. — « Vous êtes des cadavres, leur disait-il; il faut « vous décider à descendre dans la tombe. » Ces attaques irritèrent la chambre des pairs; elle comprit que la

« messieurs, il faut que les intérêts particuliers « cèdent en présence de l'intérêt du pays. » — Un tonnerre de cris dédaigneux l'interrompit une seconde fois, et une seconde fois il revint plus vivement à l'attaque. — « J'insiste, et en homme « libre qui n'écoute que sa conscience, je « soutiens toujours .... » Il fallait à tout prix empêcher ce démagogue de dire qu'on ne pouvait pas élire le roi avant l'adoption de la constitution, qu'on devait faire

chambre des communes voulait abolir la pairie héréditaire; elle voulut négocier, et se prépara aux hostilités.

Nous ne savons pas la nature des négociations ; nous savons qu'un chevalier, au nom des pairs les plus distingués, dit, le 4 juillet, à un député avocat : « Si vous sanctionnez la pairie héréditaire de 1812, la chambre des pairs approuvera toutes les autres dispositions que vous mettrez dans la constitution. » Le député répondit : « Cette proposition est indigne ; comment ! si la constitution est bonne, les pairs la combattront parce qu'il n'y a pas la pairie héréditaire, et si elle est mauvaise, il suffit de conserver la pairie héréditaire pour l'approuver !... »

Dans la séance du 10 juillet à la chambre des communes, pendant la confusion dont nous avons dit quelques mots, M. V. D'Ondes Reggio, frère de M. J. D'Ondes Reggio, proposa l'article suivant : « Tous les pairs temporels qui « ont siégé au parlement en vertu de la constitution de « 1812, et qui le 13 avril signèrent l'acte de déchéance, « feront pendant leur vie partie du sénat, en dehors des 120 « sénateurs élus par le peuple. » — Journal cité, n. 96. — C'est l'article 96 de la Constitution de 1848. *Et ab uno disce omnes.*

céder l'intérêt particulier à l'intérêt public, et on demanda de tous côtés un vote de censure contre lui. — « Un vote de censure ! s'écria-t-il, frappez, « messieurs, mais écoutez ; prononcez mille votes « de censure, mais écoutez la voix de la vérité. » Il lui fut impossible de continuer, tant fut grand le tumulte qui éclata ; le président lui ôta la parole, et le vote de censure fut prononcé contre lui. (86).

Personne ne s'étonne de ce triste spectacle ; le drame fatal n'est encore arrivé qu'à la première période. La chambre des communes, dans l'ardeur d'accélérer le moment heureux de se donner un maître, prit la singulière résolution d'expédier à la chambre des pairs deux chapitres seulement de la constitution !... (87) La chambre des pairs accueillit avec de frénétiques applaudissements cette démarche inouïe et commença la lecture des deux chapitres.

Et cependant les hommes du gouvernement étaient loin d'être pleinement satisfaits. A chaque

(86) Il serait peut-être impossible de croire qu'on a pu prononcer un vote de censure sur ces simples paroles que nous avons rapportées ; c'est cependant un fait constaté de la chambre des pairs de Sicile. M. Lella n'a pas dit un mot de plus. On peut consulter le procès-verbal de la séance du 10 juillet. — *L'Indipendenza e la lega*, n. 92. — *Memorie storiche*, t. I.

(87) Séance du 10 juillet, à la chambre des pairs. *L'Indipendenza e la lega*, n. 92.

moment, ils craignaient d'être surpris par la réponse du grand duc et de se voir l'épée poussée aux reins par M. Baudin. Aussi pour se soustraire à cette double crainte, ils accoururent au parlement afin d'exciter encore un plus grand enthousiasme.

Le président du gouvernement ne se fit pas scrupule de se rendre dans la chambre des communes, dont il surveilla les délibérations, en prenant place à côté du président (88). Le ministre des affaires étrangères se présenta à la chambre des pairs en disant : — « Je dois annoncer à la « chambre que des nouvelles communications « de nos commissaires nous assurent ce que d'ail« leurs nous savions, c'est-à-dire que l'Angle« terre et la France nous reconnaîtront *aussitôt* « *que le parlement aura élu* le roi ! Il est inutile « de rappeler à la chambre les intérêts de la Si« cile et le vœu de l'île pour l'élection du roi ; la « chambre en est si convaincue qu'il ne lui faut « pas d'autre impulsion pour la déterminer à « hâter cette élection si nécessaire pour la poli« tique actuelle et dans les circonstances qui « nous pressent (89). »

Tout homme jugera facilement si la conduite

(88) Séance du 10 juillet à la chambre des communes. *L'indipendenza e la lega*, n. 96.

(89) *V.* note 87.

du président du gouvernement fut légale (90), si tout ce que dit le ministre des affaires étrangères fut vrai ou du moins possible (91), si la situation politique et les circonstances du moment rendaient impossible tout retard à l'élection du roi ; nous voulons seulement dire qu'à onze heures et demie le parlement avaient voté les cent articles de la constitution et que le comité mixte avait définitivement prononcé sur les divergences des deux chambres. Mais tout n'était pas encore fait : il fallait rédiger et approuver les procès-verbaux des deux chambres et du comité mixte ; il fallait que quatre cents pairs et députés signassent la constitution ; il fallait enfin la publier. Ici il n'y avait pas à feindre, il fallait du temps; mais on cria de tous côtés : le roi! le roi! le duc de Gênes! le duc de Gênes! La garde nationale dévouée au gouvernement appuya héroïquement

(90) En dehors de tout ce qui est de principe pour la division des pouvoirs dans les gouvernements constitutionnels, il faut savoir que le parlement, avant de nommer le président du royaume, avait décrété la loi sur les attributions du pouvoir exécutif provisoire, où l'on ne trouve aucune autorisation accordée au président pour intervenir au parlement et assister aux délibérations.

(91) Écartant toute considération politique, il est utile de savoir que dans une dépêche de lord Napier, datée du 7 juin 1848, on lit : qu'on aurait reconnu le nouveau roi de Sicile à l'opportunité et depuis qu'il était en possession du trône. — *Correspondence*, etc., p. 338. — *Memorie storiche*, t. I, p. 346.

ces cris (92). Alors, sans rédiger les procès-verbaux, sans signer la constitution, sans la publier, à minuit, le duc de Gênes fut élu roi des Siciliens.

Ainsi, en dépit de la France, de M. Baudin et du grand duc de Toscane, on fit tout plier devant la volonté de l'Angleterre. Et c'est le parti qui accomplit une si belle œuvre, qui aujourd'hui ose accuser la France de perfidie?

Et dans le moment même où le gouvernement sicilien triomphait dans le parlement, un bateau napolitain, hissant le pavillon anglais, faisait prisonniers dans les eaux de Corfou, 700 valeureux Siciliens, que le cabinet de Palerme avait poussés et abandonnés ensuite sur les côtes des Calabres (93), tant était grand l'empressement de se donner un roi, tant était déjà poussé loin le mépris pour des concitoyens et des libéraux dévoués!

VIII

Monsieur La Farina, un des ministres de la guerre en Sicile, a écrit (94) : « que le cabinet « français poussa le duc de Gênes à refuser la

(92) La Masa, t. I, p. 288.

(93) *Memorie storiche*, t. I, p. 303. — La Masa, t. II. — On pourrait voir ici chapitre x.

(94) T. II, p. 341.

« couronne de Sicile, tandis que le cabinet anglais « le poussait à l'accepter. »

Dans le cas même où ce fait serait vrai, nous ne trouverions rien à reprocher au gouvernement français ; mais nous sommes en mesure de déclarer que l'assertion est dépourvue de toute preuve. Il devait au moins démontrer que, dans l'intérêt de la maison de Savoie et de l'Italie, l'acceptation était possible, convenable, utile.

Et si au contraire, dans le défaut absolu de ces démonstrations, il est évident que le duc de Gênes, combattant sous les ordres de son père pour la formation de l'Italie septentrionale, ne pouvait consentir au partage de l'Italie méridionale, sans affaiblir les forces de Charles-Albert et accroître celles de l'Autriche, ennemie de l'Italie ; s'il est constaté que cette acceptation, incompatible avec les vues de Charles-Albert (95), n'entra jamais dans la pensée ni du ministère Pareto, qui communiqua le refus du duc de Gênes (96), et qui nourrissait des idées bien plus grandes sur le sort de l'Italie, ni du ministère Pinelli, qui restreignit sa politique aux anciennes limites du royaume de Sardaigne (97), ni du ministère démocratique, qui la

(95) *L'indipendenza e la lega*, n. 62. — La Masa, t. II, d. 124, 422. — La Farina, t. I, p. 205.

(96) Carnazza, p. 49. — La Masa, t. I, p. 339 et t. II.

(97) Montanelli, *Schiarimenti nel processo politico contro il ministero democratico in Toscana*, p. 9. — Dépêche du 12 mars 1849, adressée par le P. Ventura au ministre

repoussa nettement (98), ni du ministre Gioberti, qui combattit jusqu'à ses derniers moments la séparation de la Sicile de Naples (99);

S'il est constaté que les Napolitains ne voulaient pas la séparation absolue de la Sicile, que le Piémont, la Lombardie et la Vénétie, allant se fondre dans un seul Etat, n'y pouvaient consentir, que Rome et la Toscane, en vue de la formation du royaume de la Haute-Italie, devaient le craindre plutôt que l'approuver (100);

S'il est constaté qu'en Italie le parti unitaire, le parti qui acceptait la fédération comme un premier pas vers l'unité nationale, autant que le parti républicain repoussaient les décrets siciliens (101);

S'il est certain que les hommes, dans ce mo-

des affaires étrangères en Sicile. — La Masa, t. II, p. 145. — Gioberti, *Del rinnovamento civile*, etc., t. I.

(98) La Masa, t. II, p. 121, 422.

(99) Gioberti, *Del rinnovamento civile*, etc., t. I. p. 19 à 203. — La Masa, t. II, p. 81, 149. — Dépêches du P. Ventura.

(100) « Rome et la Toscane, dit la *Presse* du 12 février « 1849, devaient craindre le royaume de la Haute-Italie. » Et nous ajoutons surtout s'il donnait lieu à la séparation de l'Italie méridionale.

(101) *Il Risorgimento*, n. 206.— *Il Costituzionale subalpino*, n. 252. — *La Lega italiana*. — *La Concordia*, 28 juillet 1848. — *Il Contemparaneo*.

ment, les plus influents en Italie, Balbo (102). Mazzini (103), Guerrazzi (104), Gioberti (105), Sterbini (106), d'Azeglio (107), Valerio (108), avaient désapprouvé la séparation de la Sicile de Naples;

S'il est vrai que ni Charles-Albert, ni le duc de Gênes, ni la cour, ni le cabinet de Turin, ne firent aucune démonstration flatteuse à la députation sicilienne (109), que personne ne songea à la recevoir, que, sans même la voir, le duc de Gênes signa son refus le 5 août (110);

Si, enfin, il est incontestable que le duc de Gênes n'accepta pas la couronne de Sicile parce qu'il ne pouvait et ne devait pas l'accepter, dans l'intérêt de sa maison et de l'Italie toute entière, sur quoi repose l'imputation dont on a voulu flétrir la France?

Mais hâtons-nous de rappeler des circonstances

(102) *Il Risorgimento*, n. 1.

(103) Lettre aux Siciliens.

(104) Lettre du 4 octobre 1848 à M. Vincent Gioberti — Id. Apologia.

(105) Gioberti, *Del rinnovamento civile*, etc.

(106) *Il Contemporaneo*, 24 février 1848.

(107) *La Lega italiana*, n. 15 et suiv.

(108) *La Concordia*, 28 juillet 1848.

(109) *Il Risorgimento*, 14 et 15 août 1848. — Aujourd'hui il est prouvé que les articles signés M. A. Caselli ou Trucchi appartiennent à un membre de la députation sicilienne. — La Masa, t. I et II.

(110) *V.* note 109.

qui rendent cette imputation plus injuste encore. Le roi une fois élu par le parlement sicilien, une députation, qui devait lui offrir la couronne, fut nommée par le gouvernement; mais tous moyens manquaient pour la transporter en Piémont. En effet, le roi de Naples avait expédié ses vaisseaux pour l'arrêter en haute mer, et l'œuvre, accomplie avec tant de précipitation, serait restée sans effet, si le gouvernement français n'était venu en aide aux ministres siciliens, et ne les avait sauvés d'un nouveau ridicule, en mettant à leur disposition le vapeur de guerre *le Descartes*.

La députation partit de Palerme le 21 juillet; au point du jour, le 22, les bateaux du roi de Naples rencontrèrent le vapeur français, et la députation fut sauvée par le drapeau de la France (111). Le 23, la députation débarqua à Gênes; le vaisseau français, dressant le drapeau sicilien, le salua de quinze coups de canon (112).

D'après ces faits, il n'est pas permis de soupçonner et moins encore de dire que le gouvernement français conseilla le refus du duc de Gênes; car si ce refus lui eût été agréable, il n'eût pas facilité l'embarquement de la députation; s'il eût voulu faire de secrètes insinuations contre l'acceptation, il n'eût pas fait de démonstrations publiques en sa faveur; s'il eût voulu

(111) *L'Indipendenza e la Lega*, n. 107.
(112) *L'Indipendenza e la Lega*, n. 107.

enfin secrètement appuyer la protestation du roi de Naples, il ne lui eût pas fait une manifestation hostile en assurant la traversée de la députation jusqu'à Gênes.

Bien que nous pensions que la France ne fit aucune démarche pour détourner l'acceptation du duc de Gênes, nous convenons qu'elle n'en fit pas pour la déterminer; mais à notre avis la France ne pouvait pas agir autrement sans s'exposer au danger de démentir le principe politique de son existence, et sans condamner le 24 Février. Nous sommes convaincus que l'unique service qu'elle pouvait rendre à la Sicile, et qu'elle lui rendit, c'était de se taire et de se croiser les bras.

Mais l'Angleterre, satisfaite dans ses intérêts, dans ses principes, dans ses conseils, que fit-elle pour persuader le duc de Gênes d'accepter la couronne de Sicile? Elle démentit en Piémont la politique qu'elle avait fait triompher en Sicile.

Le 20 juillet, une protestation du roi de Naples, contre l'élection du duc de Gênes, fut communiquée par M. le comte de Lodolf, ministre de Naples, à M. le marquis Parito, ministre sarde, qui, le même jour, en donna communication à lord Abercromby, ministre anglais, en le priant en même temps de lui donner son avis et son conseil (113), et celui-ci, le lendemain, ré-

(113) La Farina, t. II, p. 154.

pondit : « que, dans une question, dont la solu-« tion devait être *suivant la convenance et les* « *seuls intérêts, mais bien considérés*, du gouver-« nement de Sardaigne, il n'aurait jamais donné « aucun avis, qu'il pouvait seulement assurer la « reconnaissance de l'Angleterre, aussitôt que le « duc de Gênes aurait accepté la couronne *et se-* « *rait en possession du trône de Sicile* (114). »

Cette dépêche contenait-elle simplement le refus de donner son avis sur la question, ou plutôt le conseil de refuser la couronne (115)? Quelle que soit la réponse qu'on puisse donner à cette question, il est toujours certain que l'Angleterre, après avoir conseillé l'élection du duc de Gênes, consultée par celui-ci sur la convenance de son acceptation, elle se refusa à dire tout ce qu'exigeait son honneur pour l'accomplissement de l'œuvre qu'elle avait conseillée aux Siciliens, tandis que la France, entièrement oubliée, ne fit que se taire.

IX

Deux questions résultent naturellement des faits exposés : pourquoi l'Angleterre qui, ainsi que nous venons de le dire, souhaitant la sépara-

(114) La Masa, t. II, p. 124. — La Farina, t. II, p. 154.

(115) L'auteur des *Memorie storiche*, t. I, p. 292, dit : « que cette réponse impliquait le conseil de refuser la couronne. »

tion de la Sicile de Naples, avait fait déclarer la déchéance de la dynastie bourbonienne, fit-elle décerner la couronne de Sicile au duc de Gênes, dont l'acceptation, si elle n'était pas absolument impossible, devait cependant soulever des difficultés immenses? Pourquoi, jusqu'au 10 juillet, ayant conseillé l'élection du duc de Gênes, l'Angleterre se refusa-t-elle, le 22, de lui conseiller l'acceptation?

Nous ne sommes pas étonnés des apparentes contradictions dont la politique anglaise donne l'exemple. Quand même ces contradictions paraîtraient inexplicables, leur but inconcevable et leur mystère impénétrable, les faits ne seraient pas moins vrais, et quoique insuffisants pour sonder toute la profondeur de la politique du cabinet de Londres, ils pourraient toutefois en faire au moins comprendre toute la fourberie. Si, dans l'enceinte même du parlement britannique, il arrive quelquefois que les députés trouvent inexplicable la conduite politique du gouvernement (116),

(116) Le 21 juin 1821 une motion de lord Bentink à la chambre des communes souleva une discussion sur les affaires de Sicile. Sir John Mackintosh répondant au ministre, le marquis de Londonderry, disait : « Avant l'impres-
« sion des papiers déposés sur le bureau, j'aurais cru
« impossible que les instructions n'eussent pas été envoyées
« au noble lord Bentinck, lors de notre évacuation de la
« Sicile. La chambre a cependant entendu quels étaient les
« faits. Par la dépêche du noble marquis, il paraît qu'il y

comment nous étonnerons-nous de ne pouvoir la suivre nous-mêmes dans ces circonstances? Toutefois, nous essayerons de l'éclaircir avec le secours de l'expérience que nous donnent les événements de 1811 à 1816.

Depuis 1798 jusqu'en 1810, le roi Ferdinand, deux fois chassé de Naples, dut, sous la protection des Anglais, se réfugier en Sicile, où il viola la constitution du royaume, imposa des taxes nouvelles, installa des tribunaux exceptionnels, remplit les prisons de patriotes, fit torturer et condamner à mort et aux galères beaucoup de citoyens à Messine et Catane (117), et l'Angleterre, qui occupait militairement la Sicile, ne s'en émut pas, et laissa consommer, sans jamais s'y opposer, ces actes de despotisme et de tyrannie, parce que le Bourbon régnant en Sicile était son allié et l'ennemi de la France (118).

« avait eu quelques communications extérieures entre les « deux gouvernements. Il parle des assurances du roi de « Naples ; ces assurances avaient été données sans doute en « réponse à quelques représentations de la part de ce pays. « Où sont-elles? où sont les instructions d'après lesquelles « on a dû faire ces représentations? où est la note écrite « par sir William A'Court en 1814? »

Depuis ces expériences, est-il étonnant de ne pas savoir expliquer la cause des contradictions apparentes dans la politique du cabinet anglais?

(117) Aceto, p. 86 à 98. — Palmieri, p. 80, 81.

(118) Palmieri, p. 76 à 76.

Mais, en 1811, l'influence française ayant, ainsi qu'en 1848, pénétré en Sicile, et celle-ci étant sur le point d'échapper aux Anglais (119), parce que la cour du Bourbon espérait de reconquérir Naples en se faisant l'alliée de Napoléon (120), le cabinet de Londres éclata en philantropie, revendiqua la constitution de Sicile, persécuta les protégés de la cour, et protégea ses persécutés (121). Peu satisfaite de tout cela, elle interdit au roi l'exercice de son pouvoir, en l'obligeant, par la force des armes, de nommer pour vicaire général le prince héréditaire, et poussa le peuple et les nobles à faire une nouvelle constitution (122). Le ministre an-

(119) Aceto, p. 103, 104. — Palmieri, p. 80, 81.

(120) Aceto, p. 104. — Colletta, t. III, p. 134, 139. — Palmieri, p. 80, 81.

(121) Colletta, t. III, p. 197. — Aceto, p. 105 à 109. — Palmieri, p. 80 à 100.

(122) L'Angleterre désira véritablement qu'un système constitutionnel fût introduit en Sicile, ou plutôt chercha-t-elle à mettre un frein au roi qui semblait lui échapper, assurer les garnisons anglaises, et donner à l'Italie une nouvelle impulsion pour secouer le joug du gouvernement napoléonien ? Nous ne le savons pas ; mais nous n'ignorons pas que le cabinet anglais s'empressa de faire pénétrer la constitution sicilienne en Italie, que par là et à l'aide de beaucoup de promesses les peuples furent trompés ; qu'à la fin de la guerre, l'Angleterre ne soutint plus la constitution de Sicile, qu'en 1820 elle ne voulut pas reconnaître le gouvernement constitutionnel des Deux-Siciles, et le plus fameux de ses vaisseaux transporta Ferdinand lorsqu'il

glais concourut même à la rédaction du projet :

voulut se rendre à Laybac, d'où tant de malheurs!... — Colletta, t. III, p. 199; t. IV, p. 167. — Nous n'ignorons pas qu'ajoutant le ridicule aux outrages, un ministre anglais disait en 1821 : — « Avant 1812, la constitution sicilienne « n'était qu'une illusion, le parlement ne s'assemblait pres« que jamais ; il n'avait que le pouvoir d'ordonner certains « subsides, et le privilége de présenter certains griefs, « comme la condition immédiate de ces concessions. La « constitution de 1812 était la moins appropriée au génie « du peuple, elle était incapable d'assurer le bonheur de la « Sicile, elle était la plus défectueuse ; en vain ses auteurs « avaient affecté de prendre la constitution anglaise pour « modèle, et je crois qu'ils prirent même mesure de la « table sur laquelle je m'appuie dans ce moment, tant ils « étaient décidés à se montrer exacts, même dans les dé« tails les plus minutieux (on rit); tous les partis étaient « décidément d'accord que cette constitution ne pouvait « durer, et désiraient un changement fondamental. Les « chambres du Parlement firent alors une adresse au roi, « et une commission royale fut instituée pour parvenir au « but désiré. Cette commission échoua encore. Le roi fut « alors supplié de changer la constitution de 1812, impos« sible dans la pratique. Cet objet fut renvoyé au conseil « d'État, et resta sous son examen pendant plusieurs mois « sans qu'aucun bien en résultat. Tellement que si on eût « voulu établir le règne du chaos en Italie, ces individus « sembleraient avoir pris la meilleure route pour y par« venir. Lorsqu'on reçut en Angleterre la nouvelle de « l'union de la Sicile avec Naples, bien loin d'en être « alarmé ou effrayé, j'éprouvais une espèce de pressenti« ment que la Sicile serait plus heureuse. »

(Séance du 21 juin 1821 à la chambre des communes, discours du ministre, M. le marquis de Londonderry.)

mais, chose incroyable! tandis que le parlement de 1812 ne discutait pas, mais votait le pacte fondamental de l'État, l'Angleterre le laissa fermer, quoique l'œuvre conseillée par elle ne fût pas encore terminée (123).

Après ces faits, nous répondons à tous ceux qui demandent pourquoi l'Angleterre fit nommer le duc de Gênes, dont l'acceptation était, sinon impossible, du moins dangereuse, qu'elle avait, dans cette circonstance, le même motif qu'en 1812, lorsqu'après avoir poussé les Siciliens à changer l'ancienne constitution, et interdit par la force le pouvoir au roi, elle laissa cependant fermer le parlement avant d'avoir achevé l'œuvre qu'elle avait elle-même conseillée, laissant le roi à Palerme après l'avoir contraint de nommer pour vicaire-général le prince héréditaire. L'acceptation du duc de Gênes, en 1848, était aussi impossible ou dangereuse que le gouvernement de la Sicile en 1812.

Cette politique, absurde en apparence, était la plus logique pour les intérêts anglais; par elle, en 1812, comme 1848, la Sicile restait toujours dans un état provisoire, et l'Angleterre pouvait y régner seule, y gouverner seule et, la tenant toujours dans l'attente de l'accomplissement de son œuvre, en disposer comme de son propre domaine (124).

(123) Aceto, p. 108 à 119. — Palmieri, p. 94 à 99.

(124) Avant l'élection du duc de Gênes, on lisait dans un

« L'avenir, suivant Aceto (125), a découvert « les vices du vicariat, dont le ministre anglais « resta toutefois satisfait après l'avoir imposé. » Mais à notre avis il ne fallait pas attendre l'avenir pour découvrir les vices de cet acte absurde; la plus faible intelligence aurait dû comprendre que c'était une folie d'espérer un gouvernement sincère, là où il y avait un roi contraint à déléguer le pouvoir à son fils, près duquel il restait et sur le dévouement duquel il pouvait compter; que c'était une folie d'attendre de l'héritier du trône une politique différente de celle du roi sur tout ce qui pouvait contribuer à reprendre possession de Naples et à l'unité du royaume; que ces erreurs, toujours comprises par le cabinet de Londres, seraient nourries et exploitées par lui, afin de laisser à jamais la Sicile dans un état précaire et au pouvoir des Anglais. En effet, l'historien Botta ne pouvant comprendre cette espèce de vicariat, a écrit, que la force avait été employée par l'Angleterre dans le but de faire

journal de Palerme que cette élection ne pouvait être qu'une farce politique pour amuser les Siciliens et les éloigner de l'esprit républicain, un abus du pouvoir pour tromper la bonne foi du peuple, car il était certain qu'Albert-Amédée ne pouvait pas accepter la couronne de Sicile. — *Programma rivoluzionario del popolo siciliano.* Appendice, p. 159.

(125) Aceto, p. 107 à 123.

abdiquer le roi ; mais logiquement parlant, il s'est éloigné de la vérité (126). Les hommes de 1812 crurent possible le gouvernement du vicaire, comme les hommes de 1848 crurent possible l'acceptation du duc de Gênes ; les conséquences ont été les mêmes, la conclusion en est la même ; la politique, qui semble absurde est la plus logique dans les intérêts de l'Angleterre. Mais si ce fut une faute de s'y laisser prendre en 1812, après une si longue et si déplorable expérience, ce fut un crime d'y retomber en 1848.

D'ailleurs, il faut dire qu'en 1848, le ministère anglais avait aussi prévu l'avantage qu'il aurait pu retirer de l'acceptation du fils de Charles-Albert, si, contre toute logique et contre ses prévisions, elle eût eu lieu, car elle lui aurait fourni un motif naturel de flétrir, comme ambitieuse, la politique de Charles-Albert et de l'isoler dans la guerre contre l'Autriche, de façon que, la guerre ayant une issue malheureuse et le duc de Gênes ne pouvant plus se maintenir en Sicile, la paix aurait rétabli les choses comme elles étaient en 1847. C'est ce que l'Angleterre voulait (127) et ce qu'on

(126) Aceto, p. 123.

(127) « L'Inghilterra nutriva gli spiriti municipali dei Siculi per ridurseli in grembo, e fomentava in Piemonte la mediazione per compiacere all'Austria, e forse per gelosia del regno dell'Alta-Italia. — Gioberti, *Del rinnovamento*, etc., t. I, p. 63. » Et à t. II, p. 320, il ajoute : « L'Inghilterra non ama mica una Italia unita.

peut facilement apercevoir dans la réponse donnée, le 22 juillet, par le ministre anglais au ministre sarde (128).

Dans les événements qui furent la conséquence de l'occupation de la Sicile par les Anglais, on trouve un fait qui ressemble assez à ce qui arriva en 1848. Le ministre anglais, qui avait reconnu l'indépendance de la Sicile et insinué la constitution de 1812, qui, en 1814, avait laissé tant de promesses aux Siciliens (129), appelé en 1816 par le gouvernement napolitain à « intervenir dans « une conférence, où la conduite à tenir envers « la Sicile devait être discutée, et interrogé sur « la question, refusa de manifester son avis. (130) » Il refusa d'exposer au roi de Naples ce qui était la simple conséquence des assurances données aux Siciliens en 1812 et 1814 ! De même, le 22 juillet 1848, il refusa de dire au duc de Gênes ce qui était la simple conséquence des conseils donnés à la Sicile jusqu'au 10 juillet !

X.

Le 11 juillet fut néfaste, parce que dès lors les jours tristes et malheureux succédèrent aux jours

(128) *V.* note 114.

(129) Note communiquée par W. A'Court lors de l'évacuation de la Sicile par les Anglais. 1814.

(130) Séance du 21 juin 1821 à la chambre des communes. — Discours du ministre marquis de Londonderry.

prospères et glorieux de la Sicile. Un des actes les plus blâmables du gouvernement sicilien (131), c'est l'expédition dans les Calabres. Le 14 juin, par ordre de l'imprévoyant gouvernement de Palerme, 700 Siciliens débarquèrent à Paola, et, sans délai, ils se rendirent à Cosenza, où siégeait le comité révolutionnaire (132). Bientôt des combats s'engagèrent entre les insurgés et les troupes royales; mais après quelques escarmouches, les Siciliens, entourés par des nombreuses troupes bourboniennes, jugèrent impossible un plus long séjour, et, dans le but d'accomplir leur retraite, sans beaucoup de danger, ils demandèrent à leur gouvernement quelques vaisseaux pour s'embarquer promptement (133). Le cabinet de Palerme, bien qu'il eût à sa disposition deux vapeurs, *le Peloro* et *le Palerme*, ne s'occupa pas de cette réclamation, et, instruit par un deuxième message, qu'il reçut le 4, des dangers dont était menacée la légion sicilienne qu'on le suppliait de sauver, il n'en fut pas ému, et il destina le vapeur

(131) *Memorie storiche*, t. I, p. 299. — La Masa, t. I, p. 260. — *Il popolo ed il governo siciliano nel* 1848-1849. — Malta, p. 13.

(132) La Masa, t. I, p. 250.

(133) Dépêche du 25 juin 1848, signée au quartier général de Cassano par MM. Ribotti, commandant en chef, G. Longo, colonel; M. Delle Francie, colonel; H. Fardella, colonel; C. Gran Monte, colonel; C. Carducci, colonel; A. Scalia, major; T. Burgio, maj.; T. Landi, colonel.

Palerme au transport du nouveau roi tant désiré, parce que cette grande œuvre l'occupait tellement, qu'il ne pouvait plus songer aux petites choses (134).

Mais les bons Messinois, informés des malheurs qui menaçaient l'expédition des Siciliens, essayèrent de suppléer à la coupable indifférence du gouvernement, en implorant le secours du consul français, qui, sans attendre un seul moment, expédia un bateau de guerre français pour recueillir les malheureux Siciliens (135).

Si cette générosité fut sans résultat heureux, ce ne fut pas la faute du consul français ni du commandant du bateau de guerre. Les Siciliens, poursuivis par quinze mille bourboniens, et réunis à Catanzaro, après une longue et inutile attente, avaient été contraints (136) de s'emparer de deux bâtiments napolitains et de faire voile pour Corfou.

Ils étaient arrivés en vue de l'île, et tellement près, qu'un d'eux y parvint à la nage, lorsqu'un vapeur, hissant le pavillon anglais et tirant le coup d'assurance, les appela à l'obéissance. Au lieu de se sauver à Corfou en toute hâte, trompés par le drapeau, et dans l'espoir de rencontrer un

(134) La Masa, t. I, p. 260.

(135) *Memorie storiche*, t. I, p. 299. — *Il popolo ed il governo siciliano nel* 1848-1849, p. 14.

(136) Le 7 juillet 1848.

vaisseau ami, les malheureux Siciliens s'approchèrent de l'ennemi, car c'était le commandant du *Stromboli*, vapeur napolitain, qui, dressant le pavillon anglais pour tromper les Siciliens, réussit à les faire prisonniers.

S'il n'est pas certain que l'arrêt des Siciliens fut exécuté dans les eaux de Corfou (137), il est

(137) « Aussi tout le monde est d'accord qu'il faut tracer, « à une distance convenable des côtes, une ligne de respect « en dedans de laquelle l'étranger, même dans l'absence de « toute force, se conduise comme s'il se trouvait sur le ter- « ritoire même du pays dont cette ligne sera, dit-on, con- « sidérée comme la frontrière maritime.

« Mais à quelle distance faut-il placer cette frontière? « Plusieurs publicistes la bornent à la plus grande portée « du canon, établie sur la pointe la plus saillante de la côte « visible. D'autres l'étendent aussi loin que, de la haute « mer on peut apercevoir terre. D'autres, enfin, pour évi- « ter tout ce que ces différentes propositions ont de vague « et d'incertain, fixent la ligne de respect à deux, quatre « et même six milles marins de la côte la plus proche. »

Pinheiro Ferreira, *Cours de droit public*, t. II, p. 74.

Baudin étend cette mesure jusqu'à trente milles. — *De la République*, liv. I, ch. X.

Il y en a qui la portent à dix lieues, comme cela était le long des côtes méridionales de la France, à l'égard des barbaresques. Puffendorf, liv. IV, chap. XII.

« La mesure la plus juste, dit Rayneval, est la vue de « ces mêmes côtes, c'est-à-dire l'horizon réel. » — *Institutions du droit de nature et des gens*, p. 162.

Vattel la fixe à la portée du canon. — *Droit des gens*, liv. I, ch. XXIII, § 289.

Suivant cette dernière théorie seulement, il peut être

toujours évident que la tromperie fut accomplie à l'aide du pavillon anglais. Or, que devait faire l'Angleterre, dont le drapeau avait servi à la plus infâme trahison, ainsi que cela se faisait à l'époque reculée des pirates(138)? Nous ne disons pas qu'elle devait, pour son honneur, déclarer la guerre au roi de Naples, cela aurait été trop chevaleresque; nous ne disons pas qu'elle devait exiger une réparation, parce qu'elle n'avait rien souffert, mais nous croyons qu'il aurait été de

douteux si les Siciliens se trouvaient dans les eaux de Corfou.

(138) Il est vrai que contrairement à des principes plus généreux et plus moraux, qui firent la grandeur des Romains, on a soutenu que, comme ruse de guerre, on peut se servir des drapeaux, des costumes et des pavillons des ennemis; mais en connaissant les raisons de cette théorie, tout le monde doit comprendre qu'il n'est pas permis de se servir aussi des pavillons des puissances neutres.

« Au nombre des usages, dit Pinheiro Ferreira, généra- « lement reçus, est celui de hisser le pavillon de sa nation « en le saluant par un coup de canon, qu'on appelle coup « d'assurance. Il est digne de remarque que cette seconde « formalité a été introduite pour écarter l'incertitude où « était tombé le signal lui-même du pavillon national, de- « puis que les commandants étaient autorisés à hisser, par « forme de ruse de guerre, d'autres pavillons que ceux de « leurs nations respectives : usage que chaque puissance « devrait considérer comme un point d'honneur de répri- « mer, en exigeant une satisfaction du gouvernement dont « les vaisseaux se seraient permis d'usurper leur pavil- « lon. » — *Cours de droit public*, t. II, p. 128.

son devoir d'obtenir la liberté des prisonniers.

Cependant l'Angleterre, non-seulement n'obtint pas cette liberté, mais elle laissa torturer, dans les cachots et les bagnes, les Siciliens chargés de chaînes, privés de pain et de vêtements ; elle en laissa condamner quelques-uns et mourir de souffrances quelques autres.

Il est bien inutile de dire que le gouvernement anglais porta ses plaintes à la cour de Naples, qu'il fit tous ses efforts pour obtenir la libération des prisonniers ; tout cela ne nous trompe pas ; nous sommes convaincus que le gouvernement anglais connaissait parfaitement les moyens de parvenir à son but, et, s'il ne réussit pas, ce fut parce qu'il ne le voulut pas.

C'est ainsi que l'Angleterre répondait à l'humble obéissance du gouvernement sicilien, qui avait fait nommer roi son candidat ; c'est ainsi qu'elle manifestait sa sympathie pour les Siciliens, et c'est de cette protection et de cette sympathie que les gouverneurs siciliens se montraient orgueilleux !

XI.

Maintenant, le gouvernement anglais, encore incertain sur la fin de tant de secousses, dont l'Europe était agitée, arrêtait moralement, sinon matériellement, l'expédition du roi de Naples contre la Sicile. Le ministère anglais, interpelé par les lords, s'il avait donné à Sir William Parker des instructions pour empêcher l'expédition contre la Sicile, dit que toute réponse serait imprudente dans ce moment (139); mais lorsque l'armistice de Milan entre Charles-Albert et l'Autriche fut signé, que le roi de Sardaigne, battu, fut contraint de rentrer dans ses États, et que l'Autriche, bien que victorieuse, mais toujours craintive, fit des démonstrations amicales à l'Angleterre, en feignant de rechercher sa médiation en Italie (140), le cabinet de Saint-James laissa au roi de Naples toute liberté d'agir; de là l'expédition contre Messine (141).

Si les actes, les traités, les reconnaissances de l'Angleterre envers la Sicile, pendant l'occupatiou militaire et jusqu'en 1816, si la nature des conseils, des insinuations et des promesses données par le cabinet anglais au gouvernement sicilien depuis janvier jusqu'à août 1848, étaient de nature à engager l'honneur de la Grande-Bretagne à empêcher l'expédition du roi de Naples contre la Sicile, certes il n'y avait rien qui pût y engager

(139) Séance du 8 août 1848. — La *Presse*, 8 septembre 1848.

(140) Séance du 21 août 1848 à la chambre des lords.

(141) On a vu la réponse du cabinet anglais dans la séance du 8 août; mais dans la séance du 23, lorsqu'on eut connu l'armistice de Milan, lord Russell, interpellé une autre fois sur le même sujet, répondit que les instructions données à l'amiral Parker ne lui enjoignaient point de s'immiscer dans les rapports du roi Ferdinand *avec ses sujets*.

la France. Comment donc pourrait-on prétendre que celle-ci devait faire ce que celle-là n'osait pas?

XII.

Après les désastres de Messine, la France s'unit à l'Angleterre; elles imposèrent l'armistice au roi de Naples et laissèrent aux Siciliens la liberté de le refuser (142). Le gouvernement de Palerme, dans l'impossibilité de se défendre en raison de sa politique et de son administration détestable, l'accepta; alors commença la médiation de la France et de l'Angleterre.

Bien des gens ont trouvé absurde la politique des deux puissances, parce qu'elle n'était ni la politique d'intervention, ni celle de non intervention; on a cru que les puissances auraient pu empêcher l'expédition du roi de Naples; mais après l'avoir permise après la prise de Messine, elles n'auraient pu l'arrêter. Quelque soit l'opinion publique sur cette question, il faut même ici distinguer la politique de la France de celle de l'Angleterre : l'une, jamais écoutée par le gouvernement sicilien, n'avait pu ni lui promettre, ni lui faire espérer son appui ; tandis que l'autre, comme nous l'a-

(142) Dépêche de M. le prince de Cariati à M. Temple. Décembre 1849. — La *Presse*, 6 janvier 1849. — Proclamation du ministre sicilien. M. Vite D'Ondes Reggio. 14 septembre 1848.

vons dit, non seulement avait nourri les espérances des Siciliens, mais elle avait aussi empêché pour quelque temps l'expédition. Ainsi, lorsque les deux puissances prirent le caractère de médiatrices, la France fit plus qu'elle n'avait fait espérer, et l'Angleterre démentit ses précédents; celle-ci entreprit la médiation dans le but de régler les événements qui auraient pu arriver et qui étaient encore incertains, car si l'armistice de Milan était signé, la paix n'était pas encore assurée, et on ignorait les résolutions qu'aurait pu prendre la France envers l'Italie (143), tandis que celle-là y prit part pour ne pas abandonner tout à fait le sort des provinces italiennes à la politique anglaise.

La médiation, différente de l'arbitrage, ne porte aucun engagement pour personne; son but est de faciliter les communications des puissances en guerre, et de leur donner des conseils pour opérer un rapprochement; chaque puissance peut repousser tout conseil, reprendre les armes et continuer la guerre (144).

(143) Gioberti; *Del rinnovamento civile d'Italia*, t. I.

(144) Dans le *Pays*, journal de l'Empire, nous avons lu, le 1er mars 1853 :

« On a parlé d'une médiation offerte et refusée. Je ne « pense pas que les choses aient été si avancées. Cependant « rien de plus légitime ! La médiation est dans les rapports « d'Etat à Etat ce que l'arbitrage est dans les affaires par- « ticulières. Or, le Code international a mis la décision ar-

Comme il est impossible qu'aucune média-

« bitrale parmi les plus faciles et les plus larges moyens de « décider les contestations : les arbitres sont des juges im- « partiaux, désintéressés, et alors même qu'ils auraient des « intérêts particuliers, les médiateurs resteraient au moins « dans une idée de conservation et de *statu quo;* ils empê- « cheraient les conflits, et dans les affaires de peuple à peu- « ple, il faut bien le dire, les conflits se transforment en « guerre, et les frais des débats se paient par la ruine et le « sang.

« Rien de plus fréquent, dans l'histoire diplomatique, « que l'exercice du droit de médiation. Comme de tout ce « qui est grand et beau dans le moyen-âge, la source pre- « mière remonte à la papauté; les souverains pontifes in- « tervinrent dans les conflits de la féodalité, pour apaiser « ces luttes acharnées qui faisaient verser tant de sang « chrétien.

« A peine le système politique était-il né en Europe avec « le cardinal Richelieu, que le droit de médiation s'exerce « sur la plus vaste échelle, et, il faut le dire, avec la plus « grande impartialité.

« En 1673, la Suède fut acceptée comme médiatrice dans « la guerre que Louis XIV poursuivit avec tant de gloire « contre la coalition de l'empire, de l'Espagne et de la Hol- « lande, médiation qui amena la paix de Nimègue (1676).

« La paix de Riswick, après la formidable ligue d'Augs- « bourg formée contre la France, fut préparée par la mé- « diation du pape, des rois de Portugal et de Danemark « (1697).

« Sans faire un plus long étalage d'érudition diplomati- « que, tout le dix-huitième siècle n'est-il pas rempli de « médiations qui mettent fin aux guerres commencées, ou « qui les préviennent pour l'avenir? Et comme la Russie « est aussi intéressée que l'Autriche dans la question action puisse avoir une issue, si elle se propose

« tuelle, je lui rappellerai sur quelle large base elle exerça
« son droit de médiation, de concert avec la France, dans
« le congrès de Teschen pour les affaires de l'Allemagne
« (1779).

« Il est également un souvenir cher à l'Autriche, et spé-
« cialement au prince de Metternich : c'est celui du congrès
« de Prague (août 1813). Dans ses longues et belles cause-
« ries de Johannisberg, le prince aime à justifier sans cesse
« le rôle sincère et loyal de l'Autriche dans sa médiation de
« Prague, le désir qu'elle avait de préparer la paix géné-
« rale, et la douleur qu'elle éprouva de ne pas arriver à
« une heureuse fin.

« Depuis trente années sur la question spéciale aujour-
« d'hui engagée, celle d'Orient, tout ne s'est-il pas fini
« par les médiations?

« Quand les Russes passèrent les Balkans, en 1828 et
« 1829, (malgré l'Autriche et les irritations du prince de
« Metternich, alors si profondément séparée de la politique
« russe), tout ne finit-il pas aussi par une médiation?

« Dans nos derniers temps de troubles, quand l'Autriche
« reprit si vigoureusement l'initiative dans le Milanais,
« après la triste défaite du roi Charles-Albert, est-ce qu'elle
« n'admit pas l'initiative médiatrice de la France et de
« l'Angleterre, pour préparer la trêve d'abord et puis la
« paix définitive?

« Je cite tous ces faits, tous ces précédents, monsieur,
« pour bien constater ce qu'a de légitime et de fondé l'in-
« tervention médiatrice dans toutes les questions délicates
« qui s'élèvent entre nations. L'Europe est comme une
« grande famille : pour éviter les débats entre ses mem-
« bres, quoi de plus honorable et de plus simple, comme
« je l'ai dit, qu'un jugement arbitral? Ces médiateurs sont
« des amis communs, qui ne décident rien forcément,

d'obtenir pour une des parties tout ce qu'on

« mais qui préparent les pièces nécessaires pour une tran-
« saction.

« La médiation ne crée pas la supériorité des arbitres : « cela est si vrai, qu'on a vu les puissances de second ordre « exercer cette intervention pratique entre de grands Etats ; « elle ne doit donc blesser aucune susceptibilité.

« Le résultat infaillible d'une médiation serait de conser- « ver à chacun son droit, à chaque réclamation sa justice ; « de rappeler à toutes les puissances leur devoir, et de « maintenir ainsi la paix générale et l'équilibre européen. »

Nous croyons devoir faire observer que :

1° Il y a des publicistes qui ont employé le mot arbitre pour désigner le médiateur, mais ils n'ont pas manqué de faire remarquer la différence de l'un et de l'autre. — Grotius, *De jure belli et pacis*, lib. III, ch. 20, § 46. — Barbeyrac, traduction de Grotius, mot arbitre. — L'arbitre, dit Vattel, *Droit des gens*, liv. II, chap. 18, § 328, est juge, le médiateur est conciliateur. Et tous les publicistes sont d'accord que la médiation n'est pas l'arbitrage.

« Les parties en guerre, dit Rayneval, souvent nomment des arbitres ou seulement des médiateurs : les arbitres reçoivent un pouvoir qui les autorise à prononcer définitivement sur les différends qui divisent les deux parties ; ainsi, dans ce cas, ils remplissent les fonctions de juge ; le compromis en vertu duquel cette autorité leur est déléguée est la loi commune des parties, et elles sont obligées d'exécuter le prononcé des arbitres, quel qu'il puisse être.

« Souvent, lorsque deux puissances sont en guerre, elles ont recours à une puissance neutre ; celle-ci leur sert d'intermédiaire pour leurs communications, et elle y joint ses conseils pour tâcher d'opérer un rapprochement ; c'est qu'étant avouée de part et d'autre, elle remplit les fonctions

pourra seulement accorder à la force victorieuse

de médiateur : souvent un médiateur offre de lui-même ses bons offices.

« La différence entre le médiateur et l'arbitre consiste en ceci, que l'arbitre prononce un véritable jugement obligatoire, et que le médiateur ne peut que donner des avis et des conseils, que les parties peuvent suivre ou ne pas suivre : souvent même la médiation n'est qu'une simple formalité, que l'on adopte d'abord pour se rapprocher, et que l'on continue uniquement par égard pour le médiateur. » — *Institutions du droit de la nature et des gens*, p. 287 et 288.

2° La paix de Nimègue :

La triple alliance conclue à La Haie le 23 janvier 1668 entre la Hollande, l'Angleterre et la Suède, détermina Louis XIV à consentir à la paix d'Aix-la-Chapelle, en mai 1668, avec le secret projet de recommencer la guerre après avoir séparé les alliés.

Louis XIV réussit dans ses desseins ; il attira l'Angleterre à son parti, et le 10 décembre 1670 fut conclu un traité d'alliance entre la France et l'Angleterre. Ce traité fut confirmé et amplié par un autre du 12 février 1672.

Les Hollandais, de leur côté, obtinrent l'alliance de l'Espagne, qui fut conclue le 17 décembre 1671.

Le 6 avril 1672 parurent les déclarations de guerre faites par les rois de France et d'Angleterre contre les États généraux des Provinces-Unies.

La Suède se sépara de la Hollande, et le 14 avril 1672 signa un traité d'alliance avec la France.

Le 30 août 1673, l'empereur se joignit à l'Espagne par un traité en faveur des Hollandais. Ce traité détermina le marquis de Brandebourg, qui le 16 juin 1673 avait fait la paix avec la France, à se retourner contre elle. Et le roi de

des armes, il faut donner une base invariable à

Danemark, à la sollicitation de l'empereur, se joignit à la ligue et attaqua le roi de Suède.

Le roi d'Angleterre, forcé par le mécontentement et les clameurs de sa nation, qui craignait l'agrandissement de la puissance de la France, fit sa paix avec la Hollande le 19 février 1674, et fut imité par l'évêque de Munster le 22 avril, et par l'archevêque de Cologne le 11 mai 1674.

La France et la Suède restèrent seules contre presque toute l'Europe. Le roi de Suède, battu par l'électeur de Brandebourg le 23 juin 1675, avait été mis au ban de l'empire comme infracteur de la paix publique.

Alors l'Angleterre offrit sa médiation à Louis XIV, le pape offrit la sienne à l'Espagne, et du consentement de toutes les puissances belligérantes, on indiqua le congrès de Nimègue.

Dans le mois de juin 1676, trois plénipotentiaires français arrivèrent à Nimègue, où étaient déjà arrivés deux députés des États-Généraux. Les ministres représentant les médiateurs étaient Jenkings, Temple et Hyde pour l'Angleterre, et le nonce Bevilaqua pour le pape.

Les conférences ne commencèrent que le 3 mars 1677. Le Danemark demandait que la Suède abandonnât tout ce qu'elle avait acquis par le traité de Copenhague en 1660, etc. C'est la question de la Suède, peut-être, qui fut la plus grave dans ce congrès, et on peut le voir dans les conditions absolues offertes par la France, le 9 avril 1678, en faveur de la Suède, comme puissance belligérante et son alliée.

Pendant le congrès de Nimègue, l'Angleterre, qui avait le caractère de médiateur, conclut une alliance qui fut signée à Londres le 26 juillet 1678, avec la Hollande. Louis XIV en fut informé et se hâta de conclure la paix.

10 août 1678. Traité de paix, signé à Nimègue, entre la France et la Hollande.

toute médiation. Pourtant, cette médiation anglo-

17 septembre 1678. Traité de paix, signé à Nimègue, entre l'Espagne et la France.

5 février 1679. Traité de paix, signé à Nimègue, entre l'empereur et la France.

5 février 1679. Traité de paix, signé à Nimègue, entre l'Empereur et la Suède.

5 février 1679. Traité de paix, signé à Zel, entre Brunswick, la France et la Suède.

29 mars 1679. Traité de paix, signé à Nimègue, entre l'évêque de Munster et la France.

29 juin 1679. Traité de paix, signé à Saint-Germain en-Laye, entre le Brandebourg, la France et la Suède.

2 septembre 1679. Traité de paix, signé à Fontainebleau, entre la France et le Danemark.

26 septembre 1679. Traité de paix, signé à Linden, entre le Danemark et la Suède.

12 octobre. Traité de paix, signé à Linden, entre la Suède et la Hollande.

Mably, *Le droit public de l'Europe*, t. I, p. 278 à 343. —Anquetil, *Motifs des guerres et des traités de paix de la France*, p. 150 à 183. — Flassan, *Histoire de la diplomatie française et de la politique de la France*, t. III, p. 405 à 422.—Martens, *Traités de paix*, etc. Années 1678 et 1679.

Paix de Riswick.

La crainte qu'inspirait l'ambition de Louis XIV, et les intrigues du prince d'Orange, qui, pour s'emparer plus facilement du trône d'Angleterre, s'efforçait d'occuper la France, furent la cause de la ligue conclue à Augsbourg en 1686 et signée à Venise en 1687.

Louis XIV, prévoyant l'avenir, et irrité de la ligue, prit l'initiative et l'attaqua à la fin de 1688.

En 1690, Charles XI, roi de Suède, offrit sa médiation aux puissances en guerre ; cette médiation, acceptée par

française ayant pour but de rétablir la paix entre Louis XIV, ne le fut pas par les alliés, et la guerre continua.

D'autres tentatives de médiation essayées en Suisse et ailleurs ne furent pas plus heureuses jusqu'en 1696, lorsque la médiation du roi de Suède fut acceptée par toutes les parties. Toutefois, les hostilités continuèrent.

Le 29 août, le duc de Savoie signa un traité avec la France, et d'ami de l'Autriche devint le généralissime des troupes françaises en Italie.

La défection du duc de Savoie fit prendre aux autres le parti d'accepter, le 10 février 1697, des articles préliminaires présentés par le sieur Colliers au sieur Lillieroot, ambassadeur du roi de Suède, médiateur. On indiqua pour le congrès le château de Riswick en Hollande. Les conférences s'ouvrirent le 9 mai 1697.

A l'ouverture du congrès, les alliés demandèrent un armistice ; Louis XIV le refusa, et le sang continua à couler.

Le 10 août 1697, le duc de Vendôme prit Barcelonne. Cet événement et les menaces de Louis XIV décidèrent de la paix : elle fut signée le 20 août par les Hollandais, le 17 septembre par l'Espagne, le 25 par l'Angleterre, et le 5 février 1699 par l'empereur.

Mably, l. c., t. II, p. 1 à 45. — Anquetil, l. c., p. 190 à 215. — Flassan, l. c., t. IV, p. 151. — Négociations du comte d'Avaux en Suède, en 1693. Martens, l. c.

Que dirons-nous du traité de Teschen, auquel donna lieu la guerre de la succession de Bavière ? Tout le monde connaît que, dans cette occasion, la Russie et la France ne jouèrent que le rôle de leur intérêt.

La Russie, alliée de la Prusse et en guerre avec la Porte, devait protéger son alliée et empêcher l'agrandissement de l'Autriche. En effet, la première note adressée par la Russie

Ferdinand et la Sicile, devait avoir pour base la

à l'Autriche proclama l'indépendance de l'Allemagne et menaça l'ambition de l'Autriche.

La France était intéressée à empêcher l'occupation de la Bavière par l'Autriche, parce que cette occupation asservissant l'Allemagne, aurait préjugé la France. D'un autre côté, la France, en guerre avec l'Angleterre, craignait que la Prusse et la Russie devinssent les alliées de la Grande-Bretagne, et ce fut pour cela que la France refusa de remplir ses engagements stipulés dans le traité d'alliance avec l'Autriche le 1er mai 1756; ce fut pour cela que toutes les intrigues de Kaunitz, l'offre des Pays-Bas autrichiens faite à la France et les manœuvres politiques de Marie-Antoinette ne purent changer les dispositions du cabinet de Paris.

Ce fut sous la forme de médiation que la France et la Russie appuyèrent la Prusse, imposèrent à l'Autriche d'évacuer la Bavière, et firent signer le traité de Teschen le 13 mai 1779.

Martens, l. c. — Flassan, l. c., t. VI, p. 185 à 218. — Rayneval, l. c., liv. II. note 15. — Saint-Priest, *Études diplomatiques*. — La guerre de Bavière et le congrès de Teschen.

Nous n'avons rien à dire du congrès de Prague, qui, ouvert le 28 juillet, fut dissous le 10 août 1813. Du rôle sincère et loyal de l'Autriche et de la valeur de Metternich parlent éloquemment la déclaration du 12 août 1813 (le lendemain du congrès), par laquelle l'Autriche fait connaître à Napoléon son adhésion à la coalition, la capitulation de Paris, les traités de Vienne, Waterloo et Sainte-Hélène. Pour juger de l'utilité de la médiation anglo-française en Italie en 1848–1849, nous prions le lecteur de consulter Gioberti, *Del Rinnovamento*, etc., t. I, p. 238, 241 et 243,

reconnaissance du roi de Naples comme roi de

et Montanelli, *Introduzione ad alcuni, Appunti storici, sulla rivoluzione italiana*, n. 8.

3° Après cela, nous convenons que la médiation est utile; mais il est très-difficile de trouver des médiateurs sincères, loyaux et désintéressés; nous convenons que l'arbitrage est bon, mais il est trop difficile de trouver des arbitres impartiaux, justes et qui respectent le droit. Quoi qu'en disent M. Capefigue et ses amis, l'histoire de la diplomatie ne présente au lecteur attentif ni plusieurs médiations sincères et loyales, ni plusieurs arbitrages justes et impartiaux.

Nous comprenons aussi le jugement des arbitres et pas du tout le *jugement des médiateurs ;* nous reconnaissons à chaque puissance la liberté d'offrir sa médiation, mais pas du tout le *droit de médiation.*

Nous savons enfin que les médiations peuvent être repoussées : la médiation de l'Autriche offerte pendant la guerre d'Amérique ne fut pas acceptée; nous savons que les médiateurs deviennent souvent des alliés; dans la guerre qui donna lieu au fameux traité de Paris, en 1763, l'Espagne, qui était médiatrice, devint l'alliée de la France par le pacte de famille signé le 16 août 1671. L'Angleterre, qui s'était portée comme médiatrice entre la France et les Provinces-Unies, devint l'alliée de ces dernières par le traité du 26 juillet 1678. Nous savons que la médiation n'a pas toujours réussi, qu'on a souvent imposé l'arbitrage, comme le témoignent la quadruple alliance signée en 1717 pour dicter la loi à l'Espagne (Flassan, l. c., t. IV, p. 400.); la sainte-alliance de 1815 (La Châtre, *Dictionnaire universel*, mot *arbitrage*.); la ruine de Beyrouth, arrivée le 13 septembre 1840.

Mais il faut toujours distinguer l'arbitrage de l'inter-

Sicile (145), sans cela toute négociation était imsible (146), et si elle était en contradiction avec les insinuations et les conseils donnés précédemment par l'Angleterre, cela ne peut être reproché à la France. Certes, son acceptation fut conseillée au gouvernement sicilien par les puissances médiatrices, et en examinant les actes et les correspondances depuis le 7 septembre 1848, nous ne trouvons pas un seul acte ni un seul mot qui fit soupçonner quelque autre conseil.

Dans cet état, les Siciliens pouvaient accepter la base et négocier sur les conditions, ou, en la refusant, ce qui était notre avis, remercier les médiateurs et se préparer à la guerre. Il fallait alors soulever une seconde fois les populations et faire de la Sicile un vaste camp, à moins qu'après n'avoir obtenu que le refus du duc de Gênes et

vention ou de la simple médiation, dont nous maintenons la définition donnée dans le texte.

(145) La mission du médiateur est de rétablir la paix ; il doit porter celui qui a le droit de son côté à céder quelque chose, s'il est nécessaire, dans la vue d'un si grand bien.— Vattel, *Droit des gens*, liv. 2, ch. XVIII, § 328.

(146) Suivant *la Presse* du 29 septembre 1848, n. 4479, le roi de Naples n'avait accepté la médiation anglo-française, qu'à la condition que son droit à la soumission de la Sicile ne serait point révoqué en doute par les puissances médiatrices.

l'incendie de Messine pour prix de leur dévouement à l'Angleterre, ils n'eussent jugé utile de faire appel à la protection de la France, et qu'en acceptant franchement toute sa politique, ils n'eussent déployé la plus grande énergie pour faire amende du passé (147).

Mais, chose singulière! le gouvernement sicilien ne se révéla pas; il n'accepta pas la base; en conséquence, il ne s'arrêta pas à négocier sur les conditions. Ne voulant pas le roi de Naples, ne pouvant avoir le duc de Gênes, il ne chercha pas un autre prince, ne proclama pas la république (148); menacé par la guerre, il ne s'y prépara pas (149). Il espéra facilement obtenir, à

(147) V. G. Ferrari, *La Federaziona repubblicana*, p. 69.

(148) La conduite du gouvernement sicilien étonnait tout le monde. — Le 4 septembre 1848, *la Presse* écrivait : « Le « parlement sicilien poursuit ses travaux, sans paraître « s'occuper de l'incertitude de sa situation nouvelle depuis « le refus du duc de Gênes... Pendant ce temps le roi de « Naples prodigue à ses troupes les récompenses et les « encouragements... »

(149) Suivant les assertions de La Farina, t. II, p. 30, qui appartint au parti ministériel, l'armée organisée en Sicile pendant seize mois montait à quatorze mille hommes de toutes armes, y compris les soldats de marine, les guides et même les gardes municipaux; mais cette assertion est combattue par d'autres qui ne la font pas monter jusqu'à dix mille hommes. Il faut ajouter que l'un et l'autre

l'aide de la médiation, la déchéance de la dynastie du Bourbon, rêvant que la France et l'Angleterre engageassent leurs forces pour chasser de Sicile l'armée napolitaine. En vain les cabinets de Londres et de Paris lui déclarèrent que cet espoir était absurde, il s'obstina à poursuivre ses chimères, dont la Sicile fut la déplorable victime.

Mais il ne suffit pas de savoir que le cabinet de Paris suivit la conduite de celui de Londres et répéta les principes de lord Palmerston, qui était l'idole du gouvernement sicilien, il faut dire aussi que le cabinet français continua à tenir à la disposition des Siciliens les arsenaux de la France, et le général Cavaignac leur offrit 12,000 soldats de la garde républicaine, en promettant de les envoyer en Sicile, complètement équipés, en leur payant seulement cent francs par soldat (150). Et le gouvernement sicilien ne profita pas des armes de la France dans la crainte de les livrer au peuple (151), et refusa les soldats parce qu'ils étaient républicains ! (152).

Dans le mois de novembre enfin, le gouverne-

calcul est fondé sur les papiers du ministère, qui certainement sont bien loin de l'effectif. — La Masa, t. I, p. 223, t. II, p. 250, 370. — Medina ou Murat-Bey. — *Risposta al generale*, Mieroslawsky, p, 5.

(150) La Masa, t. II, p. 368, 372.

(151) La Masa, t. II, p. 363 à 370. — *La Presse*, 10 novembre 1848, n. 4522.

(152) La Masa, t. II, p. 368.

ment sicilien commença à comprendre ses fautes et voulut revenir sur sa conduite bien répréhensible; il était temps encore. Mais toujours incertain, toujours se méfiant du peuple, toujours dévoué à l'Angleterre ou toujours dissimulé, au lieu de prendre une résolution hardie, courageuse, énergique, décisive, il se borna à faire demander à M. Bastide, ministre français, ce qu'il eût fait si la Sicile eût proclamé la république. Celui-ci, sous l'impression de la conduite précédente et des fautes du gouvernement sicilien, répondit cette première fois : « vous ferez mal; » mais interrogé de nouveau, il conçut de meilleures espérances, et répondit : « avant tout, proclamez la république, et je vous répondrai (153). »

Ce peu de mots suffisaient pour un ministre qui devait agir d'accord avec l'Angleterre, l'ennemie de la république, pour un ministre qui avait le caractère de médiateur (154) et qui avait plusieurs fois expérimenté le penchant du gouvernement sicilien; ils suffisaient également pour apprendre aux ministres siciliens l'étendue des intentions du ministre français (155); ils suffisaient surtout au gouvernement sicilien qui n'avait autre

(153) Dépêche du 27 novembre 1848 adressé par le commissaire, M. Friddani, au ministre des affaires étrangères en Sicile.

(154) La Masa, t. II, p. 426.

(155) Dépêche du 27 novembre 1848. V. note 153.

chose à faire que d'agir (156) dans leur sens.

Malheureusement les événements justifièrent la prudence de M. Bastide. Le même jour, arriva aux ministres siciliens une dépêche de Londres, qui leur disait : — « Evitez de proclamer la ré« publique, elle déplait à l'Angleterre, et la « France, dans son état précaire, ne pourrait pas « vous aider. (157) » Il est superflu de dire que l'avis qui arriva de Londres fut préféré à celui qui arriva de Paris.

XIII.

Parmi les Siciliens qui ont écrit pour défendre leur gouvernement, il y en a quelques-uns qui oubliant que l'arrestation des 700 Siciliens était arrivée le 11 juillet, le refus du duc de Gênes le 5 août, l'expédition du roi de Naples le 1er septembre, l'incendie et la prise de Messine le 6, et le 7 enfin l'armistice, ont prétendu que les malheurs de la Sicile avaient commencé en décembre, lorsque le général Cavaignac remit le pouvoir entre les mains de Louis-Napoléon, élu président

(156) La Masa, t. II, p. 426.

(157) Dépêche du 25 novembre 1848, adressée par MM. Granatelli et Scalia, commissaires siciliens à Londres, au ministre des affaires étrangères en Sicile.

de la République française et que la politique de la France fut alors changée.

N'ayant applaudi ni à la politique de Lamartine, ni à celle de Cavaignac, nous pouvons, sans applaudir à celle de Louis-Napoléon, répondre : Malheur à ceux qui, pouvant utiliser le jour, attendirent le lendemain; malheur à ceux qui ne surent pas profiter des moyens les plus précieux et qui laissèrent échapper les occasions les plus favorables! Celui qui méprise une fois la fortune, ne doit pas se plaindre de ne point la trouver constamment favorable (158).

Mais cette réponse ne nous suffit pas. Nous allons démontrer que l'assertion qu'on nous oppose n'est pas fondée.

Le 20 décembre 1848, la Sicile avait élu le roi, et celui-ci avait refusé; elle avait obéi à l'Angleterre, et l'Angleterre n'avait pas empêché l'expédition de septembre ni l'incendie de Messine; la Sicile avait cherché une protection et l'Angleterre et la France avaient pris le caractère de médiatrices; la Sicile abhorrait le roi de Naples, et l'Angleterre et la France avaient déclaré que sans reconnaître Ferdinand-Bourbon comme roi de Sicile, il n'y avait ni négociation,

(158) L'expérience est là pour attester qu'il n'y a rien à gagner à ajourner les solutions et que le temps qui fait crédit est de tous les usuriers le plus âpre et le plus inexorable. — E. Girardin, *Sur l'impôt*.

ni médiation possible; la guerre était inévitable et la Sicile n'était pas armée (159); les conseils de la France toujours dédaignés manquaient entièrement où s'étaient identifiés avec les conseils de l'Angleterre: ainsi, lorsque Louis-Napoléon fut élevé à la présidence de la République française, un changement de politique depuis longtemps commandé aux intérêts de la Sicile devint une nécessité absolue; en négligeant cette politique, le gouvernement causa tous ses malheurs (160).

Mais, répliquent les hommes du gouvernement sicilien, ce changement, possible avant le 20 décembre, lorsqu'on pouvait faire du cabinet anglais ce qu'on avait fait du cabinet français, et de celui-ci ce qu'on avait fait de celui-là, devint impossible depuis cette époque, car si l'Angleterre ne protégeait plus la Sicile, Louis-Napoléon, neveu de l'Empereur, contre lequel la Sicile avait

(159) La Masa, t. II, p. 404. — Le général Antonini, appelé par le gouvernement sicilien à la fin de décembre, se démettait de ses fonctions et abandonnait l'île le 26 janvier, écrivant dans son *congé* adressé au peuple :

« Non posso trattenermi dall'esprimere il doloroso senso in me prodotto dall'inqualificabile indolenza ed incuria, per la quale dopo un anno di tempo, non un solo soldato trovasi completamente equipaggiato, e migliaja ancora stanno aspettando le armi alle caserme. » — *La campagna d'aprile* 1849 *in Sicilia relazione storica,* per un Siciliano.

(160) V. G. Ferrari, l. c.

été l'alliée de la Grande-Bretagne (161), Louis-Napoléon, qu'un parti avait porté sans succès comme candidat au trône de Sicile, en 1848 (162), lui devait être hostile, et sans doute la république sicilienne aurait eu le même sort que la république romaine (163).

Ces considérations vraies et puissantes au premier abord, auraient dû toutefois tomber devant une politique hardie, courageuse, énergique. Dans tous les cas, elles devaient tomber, parce qu'il n'y avait d'autre espoir de salut qu'en les bravant. Qui ignore que les entreprises même périlleuses sont prudentes, lorsqu'il n'y en a pas de certaines? En effet, ces difficultés étaient-elles insurmontables? La Sicile avec tant de ressources et d'enthousiasme était-elle impuissante contre une armée, qu'un an avant elle avait vaincue et chassée? Alors son gouvernement devait accepter la base proposée par les médiateurs et engager ceux-ci à obtenir des conditions avantageuses. La Sicile, dans l'impossibilité de se défendre, préférait-elle à l'union avec Naples, à la soumission aux Bourbons, invoquer la pro-

(161) Traités entre la Grande-Bretagne et la Sicile, — 30 mars 1808, 13 mai 1809, 12 septembre 1812. — Palmieri, p. 60.

(162) Crispi, p. 16. — La Farina, t. II, p. 217.

Nous ignorons s'il est vrai qu'un parti ait porté Louis-Napoléon comme candidat au trône de Sicile, ici nous ne voulons répondre qu'à ceux qui ont publié ce fait.

(163) Crispi, p. 16.

tection étrangère? Dans ce cas, son gouvernement devait s'adresser à la France, qui seule pouvait accorder la protection la moins dangereuse, la moins interressée, la moins lourde.

On pouvait dire au président de la république française : — Si la Sicile combattit contre Napoléon, elle ne le fit ni pour son intérêt, ni par sa propre volonté, mais trompée par son aristocratie, et poussée par la violence de l'Angleterre, qui l'occupait militairement ; si la Sicile ne put pas accepter, en 1848, votre candidature, ce fut la faute de l'Angleterre, qui lui avait promis sa protection en acceptant son candidat : elle l'a trompé, elle l'a abandonné en 1848 comme en 1814. La Sicile en a assez, et elle vient implorer votre protection. Voulez-vous qu'elle proclame la république? Voulez-vous lui indiquer un prince pour l'appeler sur le trône? Elle accepte entièrement vos conseils, elle ne demande que d'être protégée contre le roi de Naples, contre Ferdinand-Bourbon (164).

Ce langage aurait été monarchique! mais c'était le langage qui convenait au gouvernement sici-

(164) Cette idée n'est pas une invention de 1853, elle devait surgir naturellement lorsque Louis-Napoléon parvint à la présidence de la République française. C'était *l'Alba* de Florence qu'en janvier 1849, traduisant en fait une idée possible, disait « que Lucien Murat avait été proclamé roi en Sicile, et que la famille Bonaparte aurait appuyé le vœu des Siciliens. »

lien, ennemi de la république. Ce langage aurait été humiliant! mais c'était la conséquence triste et fatale de l'indépendance sicilienne, des fautes commises par le gouvernement de Sicile, de l'humiliation avec laquelle il s'était incliné devant le cabinet de Saint-James; il fallait l'accepter comme l'effet nécessaire du principe embrassé.

Si malgré l'ambition et les idées qu'on a, à tort ou à raison, prêté au président de la république française, les Siciliens avaient échoué dans cette démarche, ou mieux encore si les Siciliens, en se rappelant les héroïques efforts de leurs ancêtres, animés d'un juste orgueil, pleins de courage, d'abnégation, d'honneur et de fermeté, avaient, à la domination du Bourbon, à la protection de la France, à la politique de Louis-Napoléon, voulu préférer tous les périls et tous les sacrifices, comme les Siciliens du XIIIe siècle, ou comme les Grecs de notre époque, au mépris même d'une ruine complète (165), ils auraient dû, avant tout, présenter à l'Europe un fait accompli (166).

Voulait-on la monarchie! Il fallait chercher partout un prince, un guerrier, le trouver, le proclamer roi, et détruire le gouvernement provisoire. Était-ce impossible? Voulait-on la répu-

(165) Les Gaulois brûlèrent Lutèce devant César; deux mille ans après, les Russes brûlent Moscou devant Napoléon.

(166) Spesso il valore vince la forza e l' audacia è padrona della fortuna. — Botta, *Storia d'Italia*, t. I, p. 283.

blique? Était-elle une nécessité? Il fallait la proclamer, il fallait à tout prix sortir de ce système provisoire pour placer les puissances dans la politique des faits accomplis.

Il sied ici de dire que la république en Sicile ne présentait pas les mêmes difficultés que la république romaine. En Sicile il n'y avait pas la triste condition du pape (167); il n'y avait pas à craindre, comme à Rome, l'invasion de l'Autriche, qui couvrait de ses troupes les États du pape (168) et du grand-duc. Il est à croire que la situation du gouvernement français, vis-à-vis de l'assemblée, se serait compliquée par suite des événements nouveaux en Sicile.

Pourtant il est évident qu'il fallait accepter quelqu'un de ces conseils, il était impossible de sortir de cette ornière; mais malheureusement le gouvernement sicilien continua trois mois encore dans son système de provisoire, d'inertie, d'illusion, de néant (169), jusqu'à ce que la médiation, qui devait avoir un terme, voulut enfin accomplir sa mission.

(167) Dépêche du P. Ventura. — La Masa, t. II, p. 219.

(168) Ségur, *Politique des cabinets d'Europe*, t. II, p. 346.

(169) La Masa, t. II, p. 404.

« Ne rien résoudre, tout ajourner, semble être le mot que se donnent tous les ministres qui se succèdent. » — E. de Girardin, *la Politique de la paix*.

XIV

Dans le mois de mars 1849, les deux ministres d'Angleterre et de France présentèrent au gouvernement sicilien la constitution octroyée par le roi de Naples, et signée à Gaëte le 28 février. Ce n'était pas une constitution, c'était une honte. La Sicile, qui avait refusé les concessions du 6 mars 1848, ne pouvait pas accepter celles du 28 février; l'Angleterre et la France, qui ne l'ignoraient pas, ne devaient pas les communiquer! — C'est une des plus lourdes accusations que le cabinet de Palerme ait lancées contre la diplomatie anglo-française; mais il n'a pas considéré, que si les concessions du 28 février étaient plus restreintes que celle du 6 mars, tout reproche doit s'adresser à l'Angleterre, car c'est elle, et non la France, qui avait présenté à la Sicile les décrets du 6 mars; elle en avait insinué le refus; elle avait demandé un ultimatum aux Siciliens; elle avait approuvé les fameux dix-huit articles; elle avait promis de les faire accepter par le roi de Naples, elle avait conseillé les décrets du 13 avril et du 10 juillet, sans jamais avoir réalisé aucune des espérances dont elle avait bercé le cœur des Siciliens.

Il n'a pas considéré qu'ayant déclaré impossible toute réconciliation avec le Bourbon, et refusé de discuter toute condition, il avait enlevé tout moyen aux puissances médiatrices pour obtenir du roi de Naples des conditions plus favorables, ne leur ayant laissé que l'accomplissement d'une formalité, après laquelle tout devait être remis au sort des armes.

De plus, il faut avouer que si les puissances avaient pu obtenir des conditions plus favorables, elles n'eussent pas dû les réclamer, dans l'intérêt même des Siciliens, afin de ne pas mettre le gouvernement sicilien dans ses torts, en refusant des conditions acceptables, après avoir toujours déclaré vouloir recourir aux armes. Les mêmes puissances devaient éviter d'imposer au roi des conditions plus dures, pour ne pas être dans l'obligation de les imposer en même temps aux Siciliens qui voulaient, dans tous les cas, conserver toute liberté d'action.

C'est l'arrêté pris par les Siciliens qui rend la politique adoptée par les puissances la meilleure possible, car elle laissait à Ferdinand le tort de ses injustes prétentions et de ses violences, et à la Sicile la liberté et le motif de reprendre les armes.

C'est une vérité qui ne pourrait plus se révoquer en doute, après avoir considéré que lord Palmerston prévoyait d'avance le refus de la constitution (170), qui fut repoussée par le gou-

(170) Dépêche du 27 mars 1849, adressées par le ministre Butera aux commissaires siciliens à Turin.

vernement et les chambres de Sicile sans la lire (171), parce que l'on niait le principe, c'est-à-dire l'unité de la couronne.

Mais la diplomatie anglo-française devait-elle accepter l'inique constitution du roi de Naples? Devait-elle la communiquer au gouvernement sicilien? Nous n'hésitons pas un moment à répondre oui, car nous trouvons cela conforme aux règles de la médiation, et nous sommes étonnés que cette vérité ne soit pas reconnue par ceux qui applaudirent à lord Minto, quand, comme médiateur, il accepta et présenta au roi de Naples l'ultimatum offert par le comité sicilien, et qui n'était ni moins absurde, ni moins étrange que les concessions du 28 février.

Et selon nous, il faut reconnaître qu'en mars 1848, la médiation de lord Minto n'avait été précédée d'aucun engagement; mais en 1849, l'œuvre des médiateurs était devenue un devoir à cause de l'armistice imposé au roi de Naples.

L'Angleterre et la France empêchant l'armée napolitaine, après la victoire de Messine, de marcher sur Palerme et prolongeant cette défense pendant sept mois, sans se laisser détourner par les instances du Bourbon, et sans avoir l'espoir de changer l'arrêté des Siciliens, qui faisaient de leur œuvre une simple formalité, avaient rendu un grand service au gouvernement sici-

(171) Dépêche du ministre Butera — 27 mars 1849.

lien, qui ne pourrait se plaindre que de lui même, s'il ne sut ou ne voulut en tirer aucun avantage.

XV.

Une accusation plus grave vient d'être portée par le ministre Butera contre la diplomatie anglo-française : — « Les amiraux de la France et « de l'Angleterre, a-t-il écrit, firent connaître « au gouvernement sicilien qu'ils désiraient « faire réimprimer et publier les concessions du « roi de Naples ; le gouvernement répondit, « qu'en Sicile, la presse était libre, et qu'ils pou- « vaient imprimer et publier tout ce qui leur « plairait ; et, en effet, les concessions réimpri- « mées furent publiées dans toute l'île par deux « officiers, l'un anglais, l'autre français, qui, « dans leurs efforts, ne réussirent qu'à se cou- « vrir de honte (172). » Et sur cette assertion,

(172) Nous avons trouvé cette déclaration dans la dépêche plusieurs fois citée du 27 mars 1849, et nous avons pu remarquer que, dans la séance du 20 mars à la chambre des députés, le ministre Butera, en rendant compte des négociations, s'était borné à dire : « Les amiraux ont cru opportun de publier dans les villes maritimes de l'île les concessions apportées. » Ainsi il taisait au parlement, non sans raison, peut-être, le permis demandé pour les imprimer, etc. Nous nous engageons dans la discussion suivant les assertions de la dépêche, que nous croyons plus vraies.

on a argumenté que la conduite des amiraux n'avait d'autre but que de troubler la Sicile et d'exciter des désordres civils, c'est-à-dire qu'ils avaient l'intention de faciliter la victoire aux armes du Bourbon.

Mais nous ne pouvons pas accepter ce raisonnement, lorsque le même ministre écrivit dans la même dépêche : — « La France et l'Angle-
« terre se sont conduites de la même manière...
« Le 20 mars, lord Palmerston.... ne se plai-
« gnait pas du refus qu'il prévoyait du fameux
« ultimatum et ne conseillait pas l'accord comme
« il l'avait fait pour le passé ; mais il espérait
« peut-être dans notre triomphe. » Nous jugeons impossible, que celui qui espérait dans le triomphe des armes siciliennes, eût tenté de faciliter la victoire des armes bourboniennes. Selon nous, le motif qui dirigeait la diplomatie anglo-française doit être tout autre, et en effet nous le trouvons ailleurs.

Le gouvernement sicilien avait eu l'habitude d'écarter la publicité en toute affaire ; il avait voulu baillonner la presse ; il avait fait détruire des imprimeries (173); il avait tenté de fermer les clubs (174); il s'était efforcé d'empêcher tout

(173) *Memorie storiche*, etc., t. I, p. 208.—Crispi, p. 9.

(174) La Farina, t. I, p. 200 ; t. II, p. 212. — Crispi, p. 4. — *Memorie storiche*, t. I. — Ferrari, *Federazione repubblicana*, p. 69.

débat politique au parlement; il n'avait jamais consenti à lui communiquer les correspondances diplomatiques (175), dont il s'était toujours vanté et qui n'existaient pas (176). Il avait caché les intentions de la France et de l'Angleterre (177), le refus du duc de Gênes (178), les dépêches des commissaires (179). Il avait agi despotiquement; il n'avait jamais consulté le pays, et surtout il avait divulgué et constamment répété que la protection anglaise était assurée à la Sicile, qu'elle pouvait pour cela obtenir son indépendance et sa liberté sans tirer un seul coup de fusil (180). Et cependant la France et l'Angleterre allaient se retirer, la guerre allait éclater, les espérances, les chimères, les promesses allaient s'évanouir; ce n'était donc pas le moment de réveiller le peuple, qui dormait depuis longtemps, de l'instruire de son état, et de lui apprendre enfin, qu'il ne pouvait se confier que dans ses forces et dans son énergie? Et puisque le gouvernement sicilien se taisait, cela devait s'accomplir par la France et l'Angleterre, dont le nom avait été compromis. En effet, n'était-il pas du devoir de ces

(175) Séances des 4, 15, 26 mai 1848, etc., à la chambre des communes.

(176) La Farina, t. I, p. 212 et 290.

(177) V. ch. V, note 45, et ch. VII, note 62.

(178) V. ch. XII et XIII.

(179) V. ch. XVI, note 175.

(180) La Masa, t. I, p. 215 et 225. — *Memorie storiche*, et., t. I, p. 346. — La Farina, t. I, p. 290.

puissances de dévoiler aux Siciliens tout ce que le gouvernement avait voulu leur cacher?

Mais, dans les affaires politiques, il n'est pas permis de s'arrêter à la surface, il faut en sonder toute la profondeur; car, en politique, les apparences sont bien différentes des réalités, et qui se laisse tromper par celles-là, comme le gouvernement sicilien, reste toujours victime de celles-ci.

Nous savons que les ministres anglais et français, instruits de l'esprit public en Sicile, comprenaient que la constitution de Gaëte ne serait pas acceptée; ils ne pouvaient donc songer à exciter la discorde dans le peuple sicilien; mais ils voulaient provoquer une démonstration publique conforme au refus déjà préparé par le gouvernement. Ce but, non compris par les politiques siciliens, était cher à la vieille diplomatie anglo-française, qui, si à la manifestation publique, dont la force du gouvernement se serait accrue, on avait ajouté quelque avantage remporté par les armes siciliennes, comme on pouvait l'espérer, après les bravades des ministres et seize mois donnés à l'armement, aurait trouvé un puissant motif pour se retourner une autre fois vers le roi de Naples, et, en lui rappelant ses services, en lui montrant le vœu unanime des Siciliens, et la nécessité de prévenir les désastres d'une guerre de destruction, aurait pu arracher ou imposer des concessions agréables aux Siciliens.

Cette politique n'était pas nouvelle dans les

annales des révolutions et de la diplomatie, et elle aurait été bien comprise si on avait considéré que les représentants des puissances médiatrices n'avait jamais regardé comme une défaite, mais comme un triomphe, l'indignation et le mépris avec lesquels les populations de la Sicile avaient accueilli les concessions de Gaëte, et qu'ils s'étaient empressés d'en informer leurs gouvernements. Et pourquoi ces diplomates auraient-ils demandé au gouvernement sicilien la permission de faire imprimer et de publier l'acte de Gaëte, lorsqu'ils savaient que les lois de la Sicile laissaient toute liberté à la presse, si ce n'était pas pour avertir le gouvernement de leur projet, afin qu'il put préparer des démonstrations favorables à son arrêté?

On ne peut donc pas accuser les médiateurs, la résistance ayant manqué, leur but échoua.

XVI

Les concessions du 28 février furent repoussées par le parlement sicilien, l'armistice fut rompu, les médiateurs se retirèrent, les hostilités recommencèrent en Sicile le 29 mars. Le 6 avril, Catane, privée du secours du corps principal de l'armée et de l'artillerie (181), fut assaillie par des

(181) Toute la division commandée par le général Mieroslawski, selon le parti ministériel, se composait de 7,700

forces supérieures, impitoyablement bombardée, et, après une longue résistance, après avoir vu tomber, atteint d'une grave blessure, le général Mieroslawski, son intrépide défenseur, elle fut envahie par l'ennemi. Bientôt Augusta, Syracuse, Noto, se rendirent sans combattre, et, depuis Messine jusqu'à Noto, le Bourbon régnait de nouveau, et l'armée napolitaine, victorieuse, se dirigeait sur Palerme. Ce fut alors qu'un événement, unique peut-être dans le monde, vint couronner les fastes du parlement sicilien.

Le 14 avril, le gouvernement demanda une séance extraordinaire du parlement. A quatre heures après midi la séance de la chambre des députés fut déclarée ouverte; il n'y avait que quatre vingt-six députés, tandis que le nombre total était de deux cent quarante; c'était la constitution prétendue démocratique de Sicile, qui

hommes ; mais de ces troupes, la partie commandée par les colonels Ascensio, Pracanica et Interdonato, et qui montait à presque 3,000 hommes, ainsi que l'artillerie, commandée par le colonel Medina, n'arriva pas à Catane. Cependant, l'armée napolitaine qui se battit à Catane se composait de seize à dix-huit mille soldats. — La Masa, t. II, p. 502 à 507. — La Farina, t. II. — Iermanowsky, *Relation de la campagne de Sicile, en* 1849. — Mieroslawsky, *Appendice à la Relation de la campagne de Sicile, en* 1849. — *La campagna di aprile* 1849 *in Sicilia*. — *Relazione storica*, per un Siciliano, p. 61 et 68. — Medina, ou Murat Bey, *Risposta al generale Mieroslawsky*, p. 9, 11, 18.

déclarait légales les séances avec soixante députés sur deux cent quarante (182), et avec trente sénateurs sur deux cents (183)!

Tout homme qui eût été présent à la séance du 10 juillet 1848, n'aurait reconnu, au 14 avril 1849, ni les hommes, ni les choses : aux voix imprudentes, aux discours honteux du 10 juillet, succédèrent, au 14 avril, les louches regards et la léthargie de la mort, à l'audace la lâcheté, à l'abominable mensonge le silence calculé. Deux ministres seulement de tous ceux qui avaient porté le décret du 10 juillet étaient encore au pouvoir ; ils venaient avec des collégues nouveaux ouvrir la séance fatale, et afin que le lecteur la pût mieux apprécier, nous nous bornons à en transcrire le procès-verbal.

« Chambre des députés, séance du 14 avril
« 1849. — Présidée par M. le marquis de Tor-
« rearsa.

« Les députés entrent de temps en temps, et
« sans prendre place ; quelques-uns s'entre-
« tiennent avec les ministres, les orateurs de la
« gauche sont absents, les tribunes sont presque
« désertes, il n'y a que quelques gardes natio-
« naux.

(182) Articles 11, 20, Constitution sicilienne du 10 juillet 1848.

(183) Articles 12, 20, 96, Constitution sicilienne du 10 juillet 1848.

« A quatre heures et demie, le président dé-
« clare la séance ouverte. Les députés et les mi-
« nistres vont à leurs places.

« Le président. — La parole est accordée au
« ministre des affaires étrangères (184).

« Le ministre des affaires étrangères *lit* : —Le
« gouvernement croit de son devoir de faire con-
« naître à la chambre, que le commandant du
« bateau le *Vauban*, accompagné du consul
« français, nous a manifesté que l'amiral Baudin,
« attendus les événements de l'Italie et de la
« Sicile, s'offre à intervenir par ses *bons offices*,
« pour l'arrangement des affaires de Sicile : *le*
« *gouvernement attend les ordres de la chambre*
« *pour les faire exécuter*.

« M. Cammarata. — Je demande, s'il est pos-
« sible, la lecture de la lettre par laquelle cette
« médiation est offerte.

« M. le ministre. — *Nous n'avons pas de*
« *lettre*, le commandant du *Vauban* s'est borné
« à nous montrer une lettre de M. Baudin.

« M. Cammarata. — *Dans ce cas, le gouver-*
« *nement* croit-il qu'on pourrait *avoir confiance*
« *dans cette offre?*

« M. le ministre. — Le gouvernement *ne peut*
« *pas répondre des intentions d'autrui*, il ne
« peut que soumettre à la chambre ce que le

(184) M. Butera.

« commandant du *Vauban* lui a communiqué.

« On fait silence de tous côtés.

« Le président. — Si personne ne demande la « parole, nous passerons au vote.

« M. Agnetta veut dire quelques mots, mais « il est interrompu par le président et par « M. Raphaël.

« Le président. — Avant le vote, je prie M. le « ministre de *lire* une seconde fois la note.

« Le ministre après l'avoir lue, ajoute : Mes- « sieurs, à peine nous eut-on fait la lecture de « la lettre de M. Baudin, que nous avons ré- « pondu : QUE CELA NE NOUS REGARDAIT PAS, car « étant des ministres nommés pour la guerre, « bien que les succès n'eussent pas été heureux « pour nous, nous ne pouvions faire autre chose « que soumettre cette offre au parlement.

« M. le ministre de la guerre (185) en se le- « vant *avec véhémence*. — Et nous avons ajouté : « la *médiation* étant acceptée, il faudra traiter « avec d'autres ministres.

« Le président. — Il semble que la question « consiste à déclarer si l'on veut accepter *les* « *bons offices* de M. Baudin, et que l'on pourrait « passer au vote.

« M. Cacioppo. — Avant de voter, il faut « rappeler à la chambre que le ministère va se « démettre, si la *médiation* est acceptée.

(185) M. Stabile.

« M. le président. — Il s'agit de la *médiation* « de l'amiral Baudin; tous ceux qui la voudront « pourront se lever.

« La chambre l'accepte par 55 voix contre 33.

« A la chambre des pairs elle est acceptée à « l'unanimité (186). »

Ainsi, la destinée de la Sicile commencée sous d'heureux auspices, alla s'accomplir sous une mauvaise étoile : quelle était cette étoile? Le procès-verbal que nous avons transcrit ne le dit-il pas assez? Eh bien, nous allons interroger la conscience publique.

Ces ministres qui ne communiquèrent au parlement ni les insinuations de la France pour la république (187), ou pour l'élection du fils du duc de Toscane (188), ni les démarches de M. Baudin et du grand duc (189), ni le refus du duc de Gênes (190), ni les déclarations absolues de la France et de l'Angleterre pour conserver la couronne de Sicile au roi de Naples (191), ni la découverte de plusieurs correspondances de haute trahison (192), ni les dépêches du P. Ventura et

(186) Crispi, p. 53.

(187) V. note 177.

(188) V. note 177.

(189) V. note 177.

(190) V. note 178.

(191) V. note 179.

(192) *Memorie storiche*, t. I. — La Farina, t. II, p. 22,

de la députation de Turin bien qu'expédiée, avec l'expresse recommandation de les communiquer au parlement (193), pourquoi mirent-ils tant d'empressement à faire connaître au parlement une communication du consul français, faite verbalement et dont on jugeait l'acceptation dangereuse, sans que le silence eut pu les compromettre?

Est-il vrai que l'amiral Baudin fut le premier à offrir ses bons offices, ou ne fut-il pas plutôt recherché par les hommes du gouvernement? (194).

Pourquoi ces ministres, qui menaçaient de leur démission si on acceptait les bons offices de l'amiral, ne dirent-ils pas un mot pour les faire repousser? Se présenta-t-il jamais un cas pareil dans aucune assemblée? un cas où un ministère avant de se démettre n'ait pas fait tous les efforts pour soutenir son opinion? Pourquoi donc dans la situation la plus importante pour la Sicile, quand il

290.—La Masa, *Documenti del procesio Tommaso Fortezza e compagni*.

(193) Dépêche du commissaire P. Ventura au ministre des affaires étrangères en Sicile, 14 et 24 février, 12 mars 1849. — La Masa, t. I, p. 281, t. II, p. 140 à 149. — Dépêche du 16 mars 1848 adressée par les commissaires de Turin au ministre Butera.

(194) Don Pirlone a Roma, *Memorie d'un Italiano dal 1 settembre* 1848 *al* 31 *dicembre* 1850, per Michelangelo Pinto, lib. II, cap. 5, p. 101.

fallait que le gouvernement parlât, garda-t-il le silence?

Pourquoi ce ministère, interpellé s'il avait confiance dans l'offre de M. Baudin, ne répondit-il pas négativement, si telle était sa conviction?

Pourquoi le ministre Butera dit-il que l'offre de M. Baudin ne le regardait pas? N'était-il pas prince sicilien, interressé au salut et à l'honneur de la Sicile?

Pourquoi ce ministre illustre, qui au 20 mars avait écrit que la France et l'Angleterre avaient agi avec perfidie envers la Sicile (195), ne répéta-t-il pas ses propres paroles devant le parlement, pour en conclure qu'il ne pouvait pas avoir confiance dans l'offre de M. Baudin?

Pourquoi M. Stabile, plutôt que de *se lever avec véhémence*, ne se leva-t-il pas humble et repentant, pour déclarer qu'il ne pouvait avoir confiance dans l'offre de M. l'amiral Baudin, après avoir manqué à la confiance que M. Baudin fils avait placé dans le ministère sicilien, le 7 et 10 juillet 1848? (196).

Ce ministre courageux, endurci par les armes et expérimenté dans l'art de la guerre, ayant encore à sa disposition tous les moyens pour résister, et voyant que de tous côtés les populations accouraient dans la capitale pour soutenir la révolution,

(195) Dite dépêche du 27 mars.

(196) V. chap. VII.

défendre les foyers paternels et combattre contre l'armée bourbonienne, attendant encore sa petite flotte (197), pourquoi ne dit-il pas tout cela aux

(197) « Anche dopo il 14 aprile, ecrit M. La Farina, rimanevano al governo quattro battaglioni di fanteria, una brigata d'artiglieria, mille marinai cannonieri, che servivano come fanteria di marina, due squadroni di cavalleria; un battaglione delle giovine guardia, la legione universitaria, il corpo dei municipali tutti a Palermo. A Trapani vi era un battaglione di fanteria provato al battesimo del fuoco, e delle fortificazioni munitissime. A Castrogiovanni, vi erano due mila nomini di truppe regolari, una batteria di campagna stupenda ed una batteria di montagna, ed il battaglione francese, le quali forze potevano compiere la loro ritirata sopra Palermo, città ben munita con betterie di costa ed un castello riguardevode, con un sistema di fossi e barricate esterne, con due vapori da guerra e qualche leguo minore, con viveri e munizioni da guerra in abbondanza, ed oltre a questo il governo avea per sua difesa e potenza l'odio del popolo pei Borboni, l'animo fiero ed audace dei campagnoli, la coscienza del dritto ed il nome di Ruggero Settimo, t. II, p. 303. »

M. Crispi répète les mêmes choses en ajoutant qu'il y avait trois vapeurs de guerre et 27 compagnies d'hommes d'armes, « talché la Sicilia avea ancora integre le sue forze nel 14 aprile 1849, alla capitale accorrevano le popolazioni dei comuni finitimi, i cittadini scampati agli eccedi di Messina e Catania ambivano di battersi.» — P. 7.

Pinto, *Memorie d'un Italiano*, lib. II, cap. 5, p. 101.

M. le ministre Butera, dans sa dépêche du 27 mars, disait : « E vinceremo per terra et per mare, perche se Iddio ci ajuta, avremo quí e presto la nostra piccola flotta. *Quest'ultima circostanza la tenga segreta perora.* »

Le même ministre, dans une autre dépêche du 9 avril

représentants de la Sicile pour les convaincre que les moyens de résistance ne manquaient pas, que l'on pouvait tout espérer de la guerre et rien de M. Baudin?

Pourquoi la majorité des députés était-elle absente?

Pourquoi la majorité de la chambre, toujours dévouée à ces ministres, vota-t-elle contre eux en acceptant les bons offices de M. Baudin, tandis qu'en les repoussant, l'opposition toujours op-

adressée aussi aux commissaires de Turin, écrivait : « La divisione militare del generale Mieroslawski.... rimane intera nei punti di ritirata, e pronta ad accorrere ovunque si presenti di nuovo l'inimico. L'entusiasmo di Palermo e delle forze militari qui stanziate, che formano la prima divisione sotto il comando del generale Trobriand, non è punto minore, cosicché noi abbiano tutti gli elementi per uscir vittoriosi dalla lotta, e scacciare del tutto il nemico della Sicilia. »

Pourquoi ce ministre ne dit-il pas au parlement, le 14 avril, ce qu'il avait écrit aux commissaires le 9 ?

A toutes ces circonstances nous devons ajouter deux réflexions : 1° Que les populations et les forces siciliennes, chassées des positions occupées par l'ennemi, et surtout de Messine, Aci, Catane, Agosta, Syracuse, Noto, Caltagirone, s'étaient concentrées à Palerme ; 2° que l'armée bourbonnienne, qui n'excédait pas 22,000 hommes, devant se partager pour occuper et conserver les places et les villes enlevées aux Siciliens, ne pouvait marcher sur Palerme qu'en fractions très faibles, qui auraient été facilement écrasée par les forces concentrées des Siciliens.

primée et toujours calomniée, vota en faveur des mêmes ministres? (198).

Pourquoi la garde nationale qui avait toujours défendu ces ministres, prit-elle une apparence d'hostilité (199)?

.... Ai posteri
L'ardua sentenza......

Nous nous bornerons à résumer tout ce qu'en ont écrit M. Errante, ministre, M. Crispi, député et employé au ministère de la guerre, et M. La Masa, député et colonel, au 14 avril 1849.

« Le gouvernement, ont-ils dit, dans son intérêt, avait organisé chez le baron Grasso un club, où intervenaient les chefs de la garde nationale, qui devait toujours le soutenir. Ce fut là que quelques ministres, après avoir négocié avec le consul français, firent décider la paix plusieurs jours avant le 14 avril. L'offre des bons offices de M. Baudin ne fut qu'une formalité ou une invention pour tromper le peuple. Les ministres, pour réussir dans leur projet et pour entraîner le parlement à l'accepter, éloignèrent de la capitale, avec des missions inutiles, les députés les plus courageux et les citoyens les plus zélés; leur opposition à l'acceptation des bons offices ne fut que simulée comme leur démission. Deux de ces

(198) Crispi, p. 12.
(199) Crispi, p. 19. — La Masa, t. II, p. 644. — La Farina, t. I, p. 193-196.

ministres continuèrent toujours à régler les affaires du pays. Le ministre de la guerre leva le camp de Castroggiovanni et laissa libre à l'ennemi la route de Palerme (200). »

XVII.

Les bons offices de M. Baudin acceptés par le parlement sicilien ne l'étaient pas encore par le roi de Naples : que devait donc faire le gouverne-

(200) Ne voulant pas que notre résumé donne des idées différentes et contraires à ce qu'ont écrit les personnes bien informées, nous nous hâtons de citer leurs propres paroles.

« In casa del barone Grasso, ove andava sovente il ministro Catalano (ministre au 14 avril), si riunivano i capi della guardia nazionale per trattare col re di Napoli, e volevano che il governo ne avesse preso l'iniziativa, qualcuno si era recato con questo scopo dal console francese.

« Il 13 aprile allorchè un vapore proveniente da Napoli annunziava, che l'ammiraglio Baudin offriva i suoi buoni offici, fu risoluto in consiglio dei ministri di darne avviso alle camere e dichiarare nel medesimo tempo, che accettati i buoni offici, il ministero, che avea giurato di non transiggere giammai col re di Napoli, e che vedea nella transazione la perdita certa dell'indipendenza e della libertà, si sarebbe dimesso.

« Il parlamento fu convocato, la maggior parte dei deputati mancava, alcuni fra i più ardenti di libertà perchè inviati dal governo a sollevare le provincie, altri perchè non erano stati avvertiti.... Io pregai molti deputati a non voler perdere la patria, accettando una mediazione simu-

ment sicilien pour forcer le roi à les accepter

lata, e fatale, e che avrebbe recato schiavitù più terribile della precedente. »

Lettre du 9 décembre 1849, adressée par M. Errante à M. La Masa. — La Masa, t. II, p. 571.

« Le basi erano di già stabilite, e sol bisognava dare una forma alla accettazione d'una pace da molti giorni convenuta. Gli uomini... che aveano seguito i consigli della Gran Brettagna, oggi eran convinti che tutto il gran dramma della rivoluzione poteva compiersi con un accomodamento. Laonde dopo avere allontanati dalla capitale i più coraggiosi deputati della camera con carichi inutili nelle provincie, allontanati anche o resi impotenti ad agire gl' individui, che avean prevalso nella rivoluzione... nel giorno fatale, del 14 aprile 1849, chiesero una seduta straordinaria del parlamento per proporre l'offerta dell' amiraglio Baudin loro già stata fatta.

« Il parlamento accettava la nuova mediazione. Alla camera dei commi..... colla solita maggioranza, la quale fu sempre agli ordini del governo.....

« Il ministero dimettevasi in quel medesimo giorno. Due dei ministri peró che furono direttori di questa opera di pace, se non in dritto continuarono in fatto a moderare gli affari del paese.... Dei tre che soli ebbero il coraggio di entrare alla composizione del nuovo gabinetto, due appartenevano ad un circolo politico (c'est le club chez le baron Grasso), che il governo avea da lungo tempo organizzato nel suo interesse, e peró potea dirsi, che si era cangiato di persone, ma non di principî. » — Crispi, p. 3 et suiv.

« Un campo d'osservazione era a Castroggiovanni, due commissari vi erano stati spediti per sorvegliarne la condotta, il comando n'era confidato al colonello Ascenso.

« Il 15 aprile il maggiore Pilo arrivó a Castroggiovanni,

et accorder des concessions plus raisonnables aux Siciliens?

Il devait concentrer ses forces, appeler toutes les populations sous les armes, faire retentir partout la menace d'une guerre éternelle et de destruction, prouver que le Bourbon n'avait rien gagné en brûlant Catane, que la fureur populaire s'était encore accrue, d'autant plus que l'acceptation des bons offices n'importait pas une suspension d'armes. Mais le gouvernement sicilien, oubliant son devoir, fit lever le camp de Castroggiovanni et l'armée (201) repoussa toutes les populations qui venaient défendre la capitale (202); il écrivit à tous les maires d'empêcher les citoyens de se rendre à Palerme (203); il désarma la ville et les forteresses, il refusa 2,000 fusils et 500 quin-

l'indomani partì per Palermo con dispacci dei commissari. Nella notte immediata della sua partenza un ordine assoluto era spedito al colonello Ascenzo per ritirarsi in Palermo attesochè eransi accettati i buoni offici del sig: Baudin. Questo dispaccio, firmato dal ministro della guerra Stabile, era del pari comunicato ai commissari, prevenendoli, che il ministero si era dimesso.

Relazione del maggiore, Pilo. Gioeni. — La Masa, t. II, p. 595. — *V.* Pinto, *Memorie d'un Italiano*, l. II, cap. 5, p. 101. — Ferrari, p. 69.

(201) V. note 200.

(202) Crispi, p. 12.

(203) Dépêche du 16 avril 1849. Crispi, p. 12. — La Masa, t. II, p. 514.

taux de poudre qui arrivaient de la France (204), toujours de la France!... Palerme fut mise hors de combat.

Pourtant, le roi de Naples informé que sa victoire n'était plus douteuse (205), répondit à MM. Reyneval et Baudin qui le priaient de confirmer la constitution du 28 février, qu'il ne voulait rien promettre, ni s'engager à rien, qu'il fallait que Palerme se soumît sans conditions et qu'il la traiterait *avec indulgence* comme Syracuse et Noto.

M. Baudin communiqua cette réponse avec une dépêche du 18 avril (206) au gouvernement de Palerme.

MM. Rayneval et Baudin pouvaient-ils dans cet état de choses arracher quelques concessions au roi de Naples? C'est douteux peut-être, mais il est certain que leur situation avait été rendue mauvaise par la faute du gouvernement de Sicile,

(204) Crispi, p. 12.

(205) *V.* note 106.

(206) Nous ne pouvons pas oublier un fait remarquable. Le gouvernement, depuis le 14 avril, c'est-à-dire quatre jours avant d'être écrite la dépêche de M. Baudin, s'était empressé d'envoyer des passeports à plusieurs personnes.— La Masa, t. II, p. 575 à 580. — Cependant les chambres ne se fermèrent qu'au 19. — La Masa, t. II, p. 580. — Après cela on pourrait être tenté de croire que dès le 14 le gouvernement savait que les bons offices de M. Baudin devaient être repoussés, et Palerme devait se soumettre sans conditions.

qui, en deux jours, avait détruit toutes les forces et rendue impossible toute résistance.

XVIII.

Cependant, à notre grand étonnement, M. Crispi a dit, premièrement : « que MM. Reyneval et Baudin avaient dans leur dépêche du 18 avril, assuré les Siciliens que le roi de Naples leur accordait des conditions non moins favorables que celles exprimées dans l'acte de Gaëte, et que ces conditions étaient exposées dans une note remise à M. Maissin ; deuxièmement : que celui-ci avait remis la note au ministère de Palerme, en l'assurant que les grandes puissances en garantiraient l'exécution (207).

(207) « Baudin e con lui il ministro Rayneval rispondevano in data del 18 esprimendo la contentezza del governo napolitano a quell' avvenimento, la buona intenzione del re sul futuro della Sicilia, e che le si sarebbero accordate delle condizioni non meno favorevoli di quelle formulate nell' atto di Gaeta. Crispi, p. 5.

« Le istruzioni date al Maissin dal Baudin contenavano l'assicurazione fattagli dal re ; che concederebbe alla Sicilia in conseguenza della sommissione di Palermo :

1º Una costituzione in conformità dell' atto di Gaeta del 28 febraro.

« 2º Il figlio primogenito, od altro principe reale, ed in mancanza un distinto personaggio per vice-re con le attribuzioni ed i poteri da determinarsi.

« 3º La guardia nazionale per Palermo con una legge, che ne stabilirebbe l'ordinamento.

C'est la plus grande des erreurs, nous le déclarons avec peine : sans parler de l'impossibilité que le roi de Naples eût accordé, au 18 avril, des concessions plus favorables que celles du 28 février (208), nous observons que M. Rayneval ne participa point à la dépêche du 18 avril, où, tout au contraire de ce qu'a dit M. Crispi, M. Baudin déclara formellement, qu'accompagné de M. Rayneval, ayant prié le roi de Naples de vouloir accorder aux Siciliens des conditions de réconciliation non moins favorables que celles contenues dans l'acte de Gaëte, *le roi s'y était nettement refusé* (209); et M. Baudin ajouta, avec une re-

« 4° La libertà dei prigionieri fatti in conseguenza degli avvenimenti delle Calabbrie, eccetto i capi, che sarebbero mandati in esilio per un tempo determinato.

« 5° Amnistia generale escludendone solo i capi e gli autori della rivoluzione.

« 6° Riconoscimento del debito pubblico fatto dal governo della rivoluzione.

« Il Maissin negó da principio al ministero una copia di tali istruzioni, che poi diede. Il ministero le consegnava al municipio quando in esecuzione del consiglio di Baudin assunse il governo del paese. — Crispi, p. 57.

« Il Maissin ripeteva quelle cose assicurando in proposito la guarentigia delle grandi nazioni perchè quei patti si fossero adempiti. — Crispi, p. 5.

(208) Si le 28 février, avant la victoire de Catane et la soumission d'Auguste, Syracuse, Noto, etc., le roi n'avait octroyé que la simple constitution, comment aurait-il le 18 avril, après tant de succès, accordé des conditions bien meilleures?

(209) Afin que le lecteur puisse juger par lui-même la

marquable prudence, *que, dans sa conviction*

dépêche de M. Baudin, nous la transcrivons ainsi que nous la trouvons dans l'ouvrage de M. Crispi, p. 55.

« Dispaccio dell' ammiraglio Baudin a S. E. il ministro degli esteri di Sicilia. A bordo del vascello della repubblica francese *il Iena*, rada di Gaeta. 18 aprile 1849. — Eccellenza : Il dispaccio, che ella mi ha fatto l'onore d'indirizzarmi in data del 15 del corrente non mi ha trovato in Napoli, e mi è stato trasmesso qui, ove mi è pervenuto questa mattina. — Il sig: Rayneval ministro di Francia in Napoli istruito dell' oggetto di questo dispaccio apprezzandone l'importanza, e dopo averne informato il suo collega sig: Temple, ministro plenipotenziario d'Inghilterra, si è unito a me affrettandosi di vedere il re, e di fargli parte delle risoluzioni delle camere del parlamento e delle disposizioni manifestate da una considerevole parte di abitanti di Palermo, e l'abbiano pregato di volere accordare alla Sicilia delle condizioni di riconciliazione non meno favorevoli di quelle state formulate nell'atto di Gaeta del 28 febbraro ultimo.

« Noi abbiano messo sotto gli occhi di S. M. il dispaccio di V. E.

« Gli ultimi avvenimenti di Sicilia, e le notizie particolari venute alla conoscenza del re l'aveano già preparato a quanto da noi si manifestava.

« Egli ci ha accolto con benevolenza, ma ci ha dichiarato nettamente che non voleva legarsi con alcun impegno, e che intendeva riserbarsi tutta la libertà di azione ed ha soggiunto, che tutte le piazze cioè Siracusa, Agosta, Noto, che aveano fatto la loro sommissione erano state trattate con indulgenza, e che lo stesso avrebbe fatto per Palermo.

« Ha ricordato che l'anno scorso dopo la presa di Messina, nessuno di quella città era stato molestato a ragione delle sue opinioni, e che un piccolo numero solamente dei

personnelle, il croyait que le roi aurait traité avec indulgence tous ceux qui se seraient soumis sans conditions, comment se fait-il donc que M. Baudin, n'osant promettre l'indulgence du roi, eût présenté comme certaines des conditions de la plus haute importance!

più esaltati era stato invitato a lasciar la città, senza che veruna altra misura severa si fosse presa, contro di essi.

« Il desiderio dol re si è, che la municipalità di Palermo, imitando l'esempio recente di quella di Firenze, in una circostanza analoga, prenda la direzione degli affari, e spedisca una deputazione al principe di Satriano.

« S. M. ci ha dato l'assicurazione, che prenderà le misure necessarie, onde nessuno dei corpi di truppa, nei quali gli avvenimenti di Palermo dell'anno passato potessero avere eccitato qualche irritamento entri in città. Esso ha terminato dicendo, che non avea giammai dimenticato di esser nato in Sicilia, e di avere un cuore siciliano.

« La mia convinzione personale si è che la città di Palermo e tutti gli abitanti di Sicilia, che si affretteranno a fare la loro sommissione al re, possono contare sulla sua indulgenza e benevolenza, ed io mi affretto di manifestare a V. E. questa convinzione...

« Il capitano di fregata Eugenio Maissin capo del mio stato maggiore, che spedisco in Palermo sul vapore l'*Ariel* avrà l'onore di presentare questo dispaccio à V. E. e le dirà a voce molte particolarità, che, sarebbe lungo di scrivere, e che spero la rassicureranno intieramente sulla intensione del re, e sull' avvenire della Sicilia.

« Io presento à V. E. coi miei voti per la felicità del suo paese l'assicurazione della mia alta considerazione. — Ch. Baudin. »

Plusieurs faits confirment notre jugement et prouvent l'erreur de M. Crispi.

Le 21 mars, dans une réunion de plusieurs personnes, chez M. Ruggero Settimo, président du gouvernement, un des chefs proposa « la publi-« cation de la lettre de M. Baudin, pour con-« vaincre le peuple qu'il ne s'agissait pas d'une « paix honorable, mais *d'une reddition sans « conditions*, ce que les *traîtres* n'avaient pas « encore eu le courage d'annoncer (210). » Ceci nous prouve que la note dont on a prétendu que M. Maissin avait été chargé n'existait pas.

Le 30 avril, lorsque le peuple de Palerme, éveillé de son sommeil trop long, reprit les armes et menaça de mort les représentants du municipe, ceux-ci eussent certainement publié les instructions de M. Maissin, si elles eussent existés, mais, pour leur salut et pour calmer l'agitation publique, ils ne purent publier que la seule amnistie (211).

Le 16 septembre 1849, le ministre anglais, M. Temple, dans une note dont nous parlerons plus bas (212), communiquée au gouvernement napolitain, bien qu'il y eût exposé les droits des Siciliens, les abus du gouvernement des Bourbons, les lois et les promesses violées par eux,

(210) La Masa, t. II, p. 597. — La Farina, t. II, p. 303.
(211) La Masa, t. II, p.
(212) *V.* chap. 19.

ne parla pas des instructions de M. Maissin, et dit simplement : « Que le peuple de Palerme ne « se soumit à l'autorité du roi que sur l'assurance « qu'on lui donna d'une amnistie générale de sa « part. » Ce qui correspond parfaitement à la lettre de M. Baudin, et détruit l'assertion de la note qu'on a voulu lui prêter (213).

Et quand même on aurait pris l'impossible comme une vérité, tout homme en observant la manifeste contradiction qui existe entre la dépêche et la note, aurait dû naturellement se demander, pourquoi, dans sa dépêche officielle, M. Baudin écrit que la simple *indulgence* du roi de Naples est dans *sa conviction personnelle*, tandis que dans la note non officielle il dit que le roi lui a promis des concessions très avantageuses? Et il aurait dû comprendre que M. Baudin avait voulu informer les Siciliens des promesses que faisait le roi; mais il s'était contenté de les énoncer dans une note non officielle, pour leur apprendre que non seulement il ne prêtait aucune foi à ces promesses, mais encore qu'il n'avait aucun moyen pour les faire exécuter,

(213) Le journal *Le Courrier de Marseille*, du 27 avril 1849 écrivait « que le vapeur sicilien l'*Indépendance* portait la nouvelle que l'amiral Baudin avait fait savoir à Palerme que la soumission devait être pure et simple. » — En lisant la dépêche de M. Baudin, on voit que celui-ci agissait d'accord avec M. Temple, ministre anglais.

parce que le roi n'avait pas voulu s'y engager officiellement.

Tout homme qui a pu songer, qui a pu dire, qui a pu croire, que les grandes puissances auraient garanti les conditions, que M. Baudin n'osait pas déposer dans sa dépêche officielle, ne pourrait prétendre trouver aucune place sérieuse dans notre ouvrage.

XIX

La Sicile était, depuis plusieurs mois, tombée au pouvoir du Bourbon, lorsque l'Angleterre qui, immobile, silencieuse et impitoyable, avait assisté à la destruction de Messine, à l'incendie et aux massacres de Catane, à la reddition de Palerme, communiqua tout à coup au gouvernement napolitain une note (214) dans laquelle il est dit que le roi de Naples avait poussé et engagé les agents diplomatiques de la couronne d'Angleterre à fléchir les Siciliens et à les décider à un arrangement, mais que la cause de la révolution des Siciliens étant un mécontentement universel, ancien, enraciné, produit par des abus et par la *suspension* de la constitution, constitution très ancienne, et en 1812 seulement révisée, modifiée, sous les auspices de la Grande-Bretagne,

(214) Note du 16 septembre 1849, adressée par le ministre anglais, M. Temple, à M. Fortunato, ministre napolitain.

et nouvellement sanctionnée par le roi, qu'en raison des événements d'Europe, sans avoir *subi aucun changement*, cette constitution avait pu être considérée comme *suspendue*, *jamais comme abolie*, les diplomates anglais n'avaient accepté *la médiation* que sous la condition de déclarer aux Siciliens, que la constitution de 1812, avec les modifications nécessaires, serait remise en vigueur; que toutefois les gouvernements de la Grande-Bretagne et de la France avaient tenté de faire accepter aux Siciliens l'acte de Gaëte, bien qu'il ne satisfît point aux conditions établies; que, si la Sicile exaspérée par les événements de Messine, avait repris les armes, *Palerme ne s'était soumis*, que par l'intervention d'un personnage anglais, et *après l'assurance* que le roi de Naples aurait accordé l'amnistie générale, que la violation et le mépris enfin de toutes ces promesses, et les *éventualités* intérieures et *extérieures* pouvaient conduire à une nouvelle rupture entre Naples et la Sicile.

Tous ces faits et ces aveux, auxquels la France est tout à fait étrangère, sont plutôt un reproche qu'une excuse pour le cabinet anglais, parce que s'il a reconnu l'ancienneté de la constitution sicilienne, modifiée sous ses auspices, et le droit des Siciliens d'en jouir, pourquoi ne l'a-t-il pas fait respecter? Pourquoi ne l'a-t-il pas soutenue au congrès de Vienne? Pourquoi a-t-il reconnu Ferdinand comme roi absolu du royaume des Deux-Siciles? Si le roi de Naples promit aux diplomates anglais, et non aux Français, de mettre en vigueur la constitution de 1812, pourquoi l'Angleterre ne l'obligea-t-elle pas à tenir sa promesse? Pourquoi...? C'est peut-être parce que les grandes puissances ont le droit d'engloutir plutôt que le devoir de protéger les petites (215).

Il est vrai qu'il faudrait un profond politique pour découvrir le véritable motif qui détermina cette note. Quelqu'un prétendit qu'elle fut dictée par la pudeur; nous, toujours constants dans nos principes, nous nous permettons de manifester notre opinion, fondée sur la conviction, *que l'intérêt seul, et jamais la pudeur, enfanta cette adresse.*

En 1816, l'Angleterre, qui avait abandonné la Sicile au despotisme bourbonien, déclara, par une note du 4 septembre, au gouvernement napolitain, qu'elle aurait regardé comme un devoir son intervention dans les affaires de Sicile, si le gouvernement napolitain avait persécuté les individus qui avaient agi d'accord avec le gouvernement anglais, *ou s'il avait réduit les privilèges de la nation* sicilienne (216). Ce qui dicta cette note,

(215) Une grande puissance a droit au respect des forts, et il est de son devoir de protéger les faibles.—Saint-Priest, *Études diplomatiques*, p. 161.

(216) Dépêche de lord Castelreagh à M. William A'Court, à Naples, datée de Londres le 4 septembre 1816.

ce ne fut ni la pudeur, ni la conscience du devoir, ce fut l'intérêt et la ruse. Le cabinet britannique, bien qu'il jugeât utile de différer ses projets sur la Sicile, n'en pouvait toutefois méconnaître l'importance et les oublier; pourtant il communiqua la note du 4 septembre, d'un côté pour tromper les Siciliens, afin que, dans une autre occasion (217), il pût compter sur eux; de l'autre, pour se ménager un prétexte dont il aurait pu se servir dans le cas où les événements l'auraient obligée à se montrer hostile au roi de Naples.

Or, selon nous, les mêmes causes qui enfantèrent la note du 4 septembre 1816, produisirent celle du 16 septembre 1849; on pourrait dire même qu'en 1849 ces causes étaient devenues plus graves et plus urgentes, parce que la guerre menaçait l'Orient, à cause du refus de la Porte de livrer les émigrés hongrois, qui, échappés aux machinations de Georges et à la vengeance des deux empereurs, avaient trouvé asile sur la terre des Turcs.

En 1816, le roi Ferdinand répondit à la note anglaise en foulant aux pieds les priviléges et la constitution de la Sicile, déclarant son pouvoir absolu et la Sicile province napolitaine, et en persécutant enfin tous ceux qui avaient soutenu la constitution (218) : de même, en 1849, le gou-

(217) Qui fut proche en 1840, et qui arriva en 1848.
(218) *V.* note 15.

vernement napolitain répondit à la note du 16 septembre que la constitution de 1812 n'existait pas, que les Siciliens n'avaient plus droit aux concessions du 28 février, que ni l'Angleterre ni aucune autre puissance ne pouvait s'immiscer dans l'administration du royaume des Deux-Siciles, que les Siciliens étaient *très contents de leur état*, et que le roi était très sûr de conserver la tranquillité publique, *si quelque agent étranger n'avait osé la troubler* (219). Et cette réponse fut suivie de nouvelles persécutions et de nouvelles violences : depuis octobre jusqu'à décembre 1849, plus de cinq cents citoyens sans délit, sans accusation, sans procès, sans condamnation, furent plongés dans les cachots et retenus dans les forteresses.

Tout le monde, étonné de cette audace, s'attendait à quelque mesure de la part des Anglais dont l'honneur devait se croire offensé; mais on se trompa : le cabinet de Saint-James, attendu que la question des réfugiés en Orient s'apaisait, se tut, et laissa faire; comme en 1816, la paix lui paraissant assurée il s'était tû et avait laissé faire. 1848-1849 est le pendant de 1806-1816.

(219) Note du 20 septembre 1849, adressée par M. Fortunato, ministre napolitain, à M. Temple, ministre anglais.

XX

L'avenir! quel sera-t-il? Nous sommes convaincus que l'histoire et sa philosophie, la statistique et les sciences sociales, sont des données très suffisantes pour le découvrir (220), et peut-être aussi pour réduire la théorie de l'avenir et la politique à une science exacte; mais à présent nous ne pouvons pas lire ces chiffres; toutefois nous avons pour certain, et c'est le Czar même de Russie qui l'avoue avec ses immenses projets, que l'immobilité sur la terre est impossible, et nous répétons avec Galilée — *e pur si muove.* — Avec cette conviction, nous espérons que le peuple de Sicile tirera avantage de son expérience et de ses malheurs, qu'il comprendra qu'en Sicile la politique anglaise a toujours prévalu sur la française, parce que l'une plus que l'autre est utile à l'aristocratie, aux priviléges, à la richesse, dont le peuple a été toujours privé; nous avons la confiance qu'enfin il se persuadera qu'il n'y a rien à espérer de l'Angleterre; ni la nationalité, car c'est l'Angleterre principalement qui la viole, même en Europe, fière de son indépendance; ni la liberté, qui ne pourrait jamais être donnée par l'Angleterre, alliée ou non de la

(220) L'art de prédire avec certitude n'est que l'art de raisonner avec justesse. — E. de Girardin, *la Presse* du 3 mars 1853.

Russie, si elle est en guerre avec la France, et d'ailleurs si la nationalité est possible sans la liberté, la liberté sans la nationalité est une chimère; ni l'égalité qui serait en contradiction avec les institutions anglaises (221) : et si, au milieu des malheurs mêmes de l'occupation étrangère, le peuple Sicilien voulait contempler le royaume de Naples, il trouverait des éléments nouveaux pour se convaincre des vérités que nous avons exposées.

Alors que les Anglais occupèrent la Sicile, les Français occupèrent Naples ; ceux-ci protégèrent à Naples un roi nommé par Napoléon, une dynastie nouvelle, incertaine, chancelante, ceux-là protégèrent en Sicile un roi héréditaire et de prétendu droit divin, une dynastie très ancienne; la Sicile quoique sûre de sa constitution la modela sur l'anglaise, et Naples oublia même le statut de Bayonne (222).

Les Anglais trouvèrent la Sicile ainsi que l'avait fait le roi Ferdinand, les Français trouvèrent Naples ainsi que l'avait laissé un roi cupide, qui avait fui sans espoir d'y revenir jamais : les deux pays se trouvèrent dans la même situation, les impôts mal partagés, les propriétés concentrées

(221) Gioberti, *Del rinnovamenta*, t. II, p. 251. — Montanelli, *Introduzione ad alcuni appunti storici sulla rivoluzione italiana*, n. 8.

(222) Publié par le roi Joseph Bonaparte, le 26 juin 1806.

dans quelques mains, celles de l'église privilégiées, les nobles, la féodalité, les fideicommis, les évêchés, les abbayes, les couvents très riches, le peuple pauvre, les industries bornées, les manufactures rares et grossières, le commerce esclave, l'agriculture abandonnée, l'instruction publique proscrite ou confiée aux prêtres, les travaux publics négligés, la magistrature mal organisée, la justice vénale, la législation éparse dans des centaines de livres, et, en Sicile surtout, le droit commun abrogé par plusieurs coutumes, la procédure criminelle barbare, les juges transformés en instruments de tyrannie, la société grossière. Ces deux royaumes différaient seulement dans les conditions du trésor public, qui à Naples était épuisé et en Sicile devait être très riche, et de la tranquillité publique, qui assurée en Sicile, ne l'était pas à Naples, où les racines de la plante ancienne végétaient encore, et où les agitateurs des Calabres payés par la cour bourbonienne excitaient des troubles (223).

Toutefois les Français, ce qui n'avait jamais été fait, confièrent le pouvoir aux hommes les plus dignes (224), et bientôt les finances furent réglées, la féodalité, les fideicommis, les privi-

(223) Colletta, *Storia del reame di Napoli*, p. 1 à 200, t. III.

(224) Colletta, t. III, p. 462.

léges, la noblesse abolis, les couvents dissous, les moines chassés, les ordres monastiques détruits, la papauté abaissée, la propriété partagée, les pauvres protégés, le nombre des propriétaires augmenté, les transactions facilitées, l'égalité entre les citoyens établie, les centaines de volumes de législation réduits dans un code nouveau, l'organisation judiciaire mieux réglée, la justice plus prompte et gratuite, les formes anciennes et barbares de la procédure abrogées, les discussions publiques, l'instruction publique répandue dans toutes les villes, dans toutes les communes, dans tous les bourgs, les écoles améliorées. On créa l'école royale militaire, l'école polytechnique, celles des beaux-arts, des arts-et-métiers, des sourds-muets ; on ouvrit l'académie de marine, l'école de dessin, le collége de chirurgie et de médecine, l'académie de musique, les sociétés d'agriculture ; des édifices magnifiques furent destinés à l'instruction, à l'éducation, aux arts, à la pitié ; des institutions d'utilité publique furent fondées, les savants et la littérature appréciés et protégés, des routes, des ponts, des ports furent construits, des monuments furent élevés, les antiquités fouillées et étudiées (223). Et la Sicile avec son vieux Bourbon et ses protecteurs anglais, languit dans son ancien état, la féodalité même dont on avait tant vanté l'abolition sub-

(225) Colletta, t. III, c. 4.

sista en fait, et bien qu'en 1821 l'honorable député, Vincent Di Natale, dans le sein du parlement de Naples, en eût demandé la destruction totale, elle ne fut enfin décrétée qu'en 1841.

La bataille de Waterloo rendit enfin Naples au Bourbon, les Anglais évacuèrent la Sicile, les Français évacuèrent Naples; mais si les armoiries et les drapeaux des Français disparurent, leurs institutions et leurs bienfaits restèrent, tandis qu'en Sicile, non seulement il n'y avait rien à conserver après le départ des Anglais, mais on perdit même le peu d'institutions utiles qui existaient depuis plusieurs siècles. La dette publique fut accrue et le trésor resta épuisé; à Naples, la dette publique fut diminuée et Ferdinand trouva le trésor napolitain si riche, qu'il put payer sans difficulté 40 millions d'étrennes et de primes honteuses, donner des dédommagements aux émigrés, des récompenses à ses partisans et vivre toujours lui-même dans le faste et la prodigalité (226).

(226) Colletta, t. IV.

DISCOURS

PRONONCÉ

A LA CHAMBRE DES COMMUNES D'ANGLETERRE

Dans la Séance du 21 juin 1821

PAR

M. le marquis de LONDONDERRY

CONCERNANT

LES AFFAIRES DE SICILE.

DISCOURS

DE

M. LE MARQUIS DE LONDONDERRY.

En me levant pour importuner la chambre des observations qui me semblent nécessaires pour répondre à la motion du noble lord, je suis fort heureux de pouvoir le complimenter sur la manière calme, intelligente et pleine de franchise avec laquelle il a entamé cette discussion. Je reconnais sans hésiter, qu'aucun individu, placé dans la situation où s'est trouvé le noble lord, lié par les mêmes rapports à ces transactions, particulièrement instruit de tous les détails des affaires auxquelles il a fait allusion, et sous l'influence de l'attachement naturel qu'il doit ressentir pour les hommes et les intérêts de ce pays, ne pouvait traiter une question de ce genre avec plus de convenance et de modération. Mais en même temps que je rends cet hommage au noble lord, il doit m'être permis de remarquer que le noble lord a choisi un moment bien tardif pour faire sa motion. En effet, il appelle aujourd'hui la chambre à décider que la conduite du roi de Naples, envers ses sujets siciliens a été tellement répréhensible, que ce pays doit intervenir, et Sa Majesté être chargée d'une grande responsabilité, c'est-à-dire de diriger tout ce qui sera à faire relativement à la Sicile. Le noble lord a dit qu'il approuvait les instructions données à sir William A'Court; et que s'il les eût dirigées lui-même, il n'eût pu les faire avec plus de convenance. Cependant il paraît que c'est sur ces mêmes instructions qu'il fonde toutes ses plaintes. Les circonstances auxquelles il fait allusion, sont de 1816:

et, depuis ce temps, il n'est certainement rien arrivé qui ait pu altérer la conduite du gouvernement. Donc, si les actes de 1816 étaient erronés : si les changements, faits alors à la constitution de Sicile, étaient de nature à provoquer l'intervention de ce pays, c'était à cette époque, alors que les faits étaient flagrants, que le parlement devait être appelé à venger l'honneur national. Alors la question était encore ouverte aux modifications ; mais il est un peu trop tard pour venir aujourd'hui accuser la cour de Naples devant le parlement, au sujet de faits passés cinq ans auparavant, et surtout lorsqu'on disait que la Sicile allait recevoir une autre organisation, mais dont le noble marquis ignore encore la nature. (Écoutez.) Je ne connais pas, je le répète, la nature des changements projetés ; mais on peut supposer qu'ils participeront à ce caractère que le noble lord loue si fort, le caractère d'une nation séparée et indépendante. Ce sera un gouvernement tout à fait distinct de celui du royaume de Naples. Il était donc trop tard d'entamer la discussion de ce sujet, lorsque la Sicile était sur le point de devenir indépendante au lieu de faire partie d'un autre état. Le noble lord me pardonnera de le dire, mais le bonheur d'un État n'est pas toujours la conséquence de sa séparation ou de son indépendance. Tout le monde sait avec quelle répugnance l'Écosse a cédé ce qui lui semblait son indépendance ; et cependant, à ce que je crois, l'honorable membre qui siége du côté opposé (sir John Mackintosh), certainement autant ami de la liberté que qui que ce soit, ne verrait pas avec plaisir ressusciter ce palladium de la liberté, ce trésor inestimable, l'indépendance écossaise. (Écoutez, écoutez.) On était encore trop près de l'époque de l'union avec l'Irlande; et je sais que beaucoup d'Irlandais ne peuvent encore renoncer à l'idée d'un gouvernement séparé et indépendant. Ils n'ont pas eu le temps encore de se défaire de ce sentiment de franchise; mais je crois que des principes contraires font de rapides progrès en Irlande, et qu'il est, à présent, assez généralement reconnu qu'un gouvernement uni sous des circonstances particulières, tend plus au bonheur du peuple qu'un gouvernement séparé.

Le noble lord a présenté la question, comme si elle était tout-à-fait inhérente à l'honneur du pays; je crois donc nécessaire d'importuner la chambre de quelques remarques sur la manière de raisonner. La question se divise naturellement en deux parties : 1° quelle a été la conduite de l'Angleterre, pendant l'occupation militaire de la Sicile? 2° la Sicile ayant été évacuée, quelles obligations restent imposées à ce gouvernement, soit en conséquence de l'occupation, soit comme résultat de quelque déclaration, comme celle à laquelle le noble lord a fait allusion? Quant à la nature des rapports avec la Sicile, quoique le gouvernement ait toujours porté beaucoup d'estime et d'affection à ce pays, ce n'est pas cependant tout à fait à cause de ce motif, ou pour assurer le bonheur de la Sicile, que des troupes anglaises y furent stationnées. C'était, au fait, une occupation militaire. Le gouvernement, considérant l'état de l'Europe, crut qu'il était nécessaire autant pour le salut de la famille royale que pour opposer une barrière aux progrès toujours croissants de la France, de défendre la Sicile. Sa position insulaire la rendait capable de profiter de nos ressources navales. Non seulement il était aisé de la mettre à l'abri de toute violence extérieure, mais encore il était évident qu'on pouvait y établir une position militaire, d'où l'on serait à même de faire une utile diversion en faveur de la liberté de l'Europe, ou dans le but de reprendre l'Italie aux Français. Tel fut le cas en effet : et, à l'exception de la garantie donnée aux Siciliens, non d'établir une constitution, mais de protéger cette partie des domaines du roi des Deux-Siciles, le gouvernement n'entra avec eux dans aucun arrangement de nature expresse. A la connaissance du noble marquis, le Portugal et la Sicile sont, d'après ce que je sais, les deux États à l'égard desquels le gouvernement soit entré dans aucune garantie de nature spéciale. Les Siciliens dûrent sans doute être satisfait que la Grande-Bretagne envoyât ses troupes dans leur île, sans aucune idée d'agrandissement ou de spoliation; mais on ne leur donna aucune assurance expresse, relativement à la réforme ou à l'établissement d'une constitution. Lorsque les troupes anglaises arrivèrent dans l'île, elles trouvèrent les Siciliens occupés à discuter une constitution à eux. Cette constitution fut modelée autant que possible sur la constitution de ce pays, et le peuple se flatta de jouir sous sa protection des mêmes avantages que l'Angleterre sous la sienne. Il est vrai que pendant que notre armée était en Sicile, on jugea nécessaire une intervention vigoureuse de la part de la Grande-Bretagne, afin d'imprimer dans l'esprit du gouvernement sicilien, la nécessité de soutenir la constitution. Si on ne l'eût pas fait, le gouvernement n'eût pu subsister, et la place n'eût plus été propre à une station militaire. Écoutez, écoutez.) Par suite de cette intervention, le noble lord (Bentinck) fut *enveloppé* dans une grande variété de remontrances (on rit) qui furent faites pour engager le roi dans son propre intérêt à maintenir l'ordre des choses existant. Mais je n'ai jamais eu l'idée, qu'en appuyant ces remontrances, le noble lord fît rien de plus qu'il n'était nécessaire pour son occupation militaire, je n'ai jamais supposé que le noble lord entrât dans aucun arrangement relativement à la constitution sicilienne. Je ne crois pas devoir déguiser à la chambre que le noble lord eut de grandes difficultés à vaincre dans sa situation. La fierté nationale dut être révoltée de voir une armée étrangère intervenir dans les affaires du pays. (Écoutez! écoutez!) Je suis prêt à justifier l'intervention; mais elle n'en déplut pas moins au peuple. (Ecoutez!) D'après mon jugement, je n'ai jamais connu de constitution moins appropriée au génie d'un peuple, ou qui parut moins propre à faire son bonheur, que celle qu'on avait formée, et je crois qu'il n'y avait pas de point sur lequel on était si décidément d'accord, point d'opinion plus généralement établie, au moment où nos trouppes quittèrent l'île, que celle que la constitution ne pouvait durer. Ses auteurs avaient affecté de prendre la constitution anglaise pour modèle, et je crois qu'ils prirent même mesure de la table sur laquelle je m'appuie dans ce moment, tant ils étaient décidés à se montrer exacts, même dans les détails les plus minutieux. (On rit.) Quant à l'administration du gouvernement, la levée ou l'entretien des troupes, jamais constitution ne fut plus défectueuse, et elle était également incapable d'assurer le bonheur du peuple. Enfin, tous les partis s'accordaient à désirer un changement fondamental. En 1814, sir William A'Court fut autorisé à exposer au peuple sicilien les raisons qui obligeaient la Grande-Bretagne à retirer ses troupes, et il est très vrai que, dans la note qu'il présenta à cette occasion, il exprima l'espérance que tous les changements dans la constitution seraient effectués par la constitution elle-même, et que rien, comme dans quelques gouvernements modernes, ne serait l'œuvre de l'armée, ou d'associations secrètes. Cependant, après douze mois passés à remodeler la constitution, la commission, chargée de ce travail, s'arrêta tout à fait sans avoir fait aucun progrès. Les chambres du parlement firent alors une adresse au roi, et une commission royale fut instituée pour parvenir au but désiré. Cette commission échoua encore. Le roi fut alors supplié de renouveler la constitution de 1812, qui s'était trouvée impossible à exécuter. Cet objet fut renvoyé au Conseil d'État, et resta sous *son examen* pendant plusieurs mois, sans qu'aucun bien en résultât. Tellement que si on eût voulu établir le règne du chaos en Italie, ces individus sembleraient avoir pris la meilleure route pour y parvenir. Le noble lord a dit que notre évacuation de l'île eut lieu en 1814 et 1815, et que les instructions furent envoyées en 1816, cela est très vrai, et, lorsque nous quittâmes l'île, le gouvernement n'avait nullement l'idée de faire une constitution pour le peuple de cette île. J'espère que le soin de composer des constitutions pour les autres peuples, à moins qu'ils ne soient sous notre gouvernement, sera le dernier dont la Grande-Bretagne se chargera jamais. (Ecoutez !) Je sais que c'est une tâche que nous ne saurions remplir, et que l'essayer serait rendre notre nom odieux par toute l'Europe. Je m'opposerai donc toujours à ceux qui, dans cette chambre, se plaignent que ce pays n'entreprenne point de fabriquer des constitutions, ou qui voudraient que l'Angleterre fut le moniteur perpétuel des autres peuples, toujours prête à porter leurs remontrances au pied de leurs souverains. (Ecoutez ! écoutez !) Ces instructions ne furent pas communiquées lorsque nos troupes évacuèrent l'île, parce que notre maxime a toujours été de ne nous immiscer en rien sans la plus absolue nécessité.

Le gouvernement déclara dès l'origine que, ni esprit d'intrigues, ni désir de spoliation, n'engageaient l'Angleterre à envoyer des troupes en Sicile ; et je n'hésiterai pas à dire qu'on n'aurait pas envoyé d'instructions à sir William A'Court, si une communication n'avait été faite à cet égard par le gouvernement napolitain lui-même. Notre gouvernement, sans doute, sentit qu'il devait à la nation sicilienne de prévenir le gouvernement napolitain des circonstances où nous nous croirions obligés d'intervenir en faveur des Siciliens. Mais il n'est pas à ma connaissance que, pendant les six ans qui se sont passés depuis notre évacuation, il y ait eu un seul exemple d'un Sicilien se plaignant d'avoir été maltraité pour cause de rapports avec les Anglais. Bien loin de là, sir William A'Court, dans une communication faite au gouvernement de Sa Majesté, déclare expressément que tous les offices du gouvernement, d'après la dernière disposition, sont remplis par des Siciliens connus par leurs liaisons avec les Anglais. Tant donc qu'il s'agit des intérêts particuliers, j'ai assez de confiance pour attendre du roi de Naples, avec quelque assurance, une conduite dictée par une politique libérale, ou peut-être même plutôt par un souvenir reconnaissant des éminents services que la Grande-Bretagne lui a rendus. J'avais, je l'avouerai moi-même, prévu qu'il n'y aurait point de terme aux persécutions dont ce gouvernement allait être assailli par suite des plaintes qu'allaient élever probablement tous les Siciliens, qui se regarderaient comme ayant subi quelque injustice de la part des autorités napolitaines. A mon grand étonnement, aucun cas semblable n'a eu lieu depuis cette époque jusqu'au moment où je parle à la chambre. Je dois cependant nommer une exception, et c'est celle du capitaine Roméo. Avec toute l'estime que j'ai pour le noble lord, et en reconnaissant toute l'autorité que doivent donner à son opinion dans cette affaire et sa longue résidence en Sicile, et le caractère dont il y a été revêtu, caractère cependant plutôt militaire que civil, quoique les circonstances aient montré plus qu'on ne l'avait prévu, plus peut-être que ce gouvernement ne l'eût désiré, le politique aussi bien que le général dans le noble lord ; c'est *plus que trop* pour lui de faire une proposition comme celle-ci, c'était un terrain trop étroit que celui sur lequel il appelle le parlement à agir ; c'est demander au fait quelque chose de semblable à ceci ; que Sa Majesté adopte une mesure qui accuse la conduite du roi de Naples envers ses sujets siciliens. Quant aux institutions siciliennes en elles-mêmes, le noble lord a représenté l'ancien et le nouveau gouvernement de ce pays avec ces couleurs spécieuses dont il est si aisé, dans des descriptions, de revêtir toute espèce de gouvernement. Mais si la chambre veut bien consulter les papiers qui sont sur la table, ou même les documents envoyés ici pendant que le noble lord lui-même était en Sicile, ils lui paraîtront les uns et les autres dans un esprit bien différent. Le parlement, tel qu'il était, ne s'assemblait presque jamais. Il n'avait que le pouvoir de faire certains subsides, et le privilége de présenter certains griefs, comme la condition immédiate de ces concessions. (Clameurs sur les bancs de l'opposition.)

Parler donc, en général, comme le noble lord l'a fait, de la constitution sicilienne, est une de ces brillantes fleurs oratoires qu'on peut fort bien jeter dans un débat; mais en réalité, ce n'est là qu'une illusion, que les dépêches envoyées de Sicile par le noble lord, serviront dans un instant à dissiper. Je proteste contre cette idée extravagante, que le gouvernement anglais soit tenu d'intervenir éternellement dans les affaires siciliennes : telle est, en effet, la conséquence du principe d'obligation qui a été mis en avant par le noble lord. Cela serait également injustifiable et impraticable, à moins que nous n'eussions fait, à cet égard, un contrat spécial avec les Siciliens, ou que nous n'eussions la prétention que nous n'avons pas le droit d'avoir, d'intervenir justement dans les affaires des autres nations. Quoi donc qu'on ait pu faire, cela ne se rapporte nullement à aucun principe général de cette espèce, mais au cas particulier de 1815. Il serait absurde de supposer que ce pays se fût engagé, au-delà des arrangements faits alors, à protéger les Siciliens contre les suites de tous les changements qui pourraient être introduits dans l'avenir, soit par l'ambition, soit par le hasard, soit par la guerre, ou par quelque motif semblable à celui pour lequel on accuse aujourd'hui le gouvernement napolitain. Au reste, les représentations de notre ministre n'autorisent pas ces imputations. Sir William A'Court s'est montré, à cet égard, une homme d'une grande habileté. Je ne pourrais citer, dans ce moment un diplomate plus habile. Je n'ai vu rien, dans la conduite du gouvernement napolitain, qui puisse alarmer la jalousie de celui-ci. S'il eût montré, dans ses mesures, de la défiance et du mystère, cette jalousie aurait quelque fondement; mais, loin qu'il ait fait paraître de la répugnance à nous communiquer ses projets, il sollicita lui-même nos observations; il invita sir William A'Court à une conférence où la conduite à tenir envers la Sicile devait être discutée, lui demanda son opinion, et eût voulu, pour beaucoup, pouvoir l'engager dans la responsabilité d'un avis sur la manière d'agir en cette occasion. Sir William A'Court, avec beaucoup de sagesse et de prudence, en référa à son gouvernement; et je lui conseillai, sans hésiter, de se tenir au même principe de non intervention qu'on avait suivi. Et certainement, lorsque je réfléchis que, dans une autre occasion où nous avions entrepris plutôt de consolider que d'établir une constitution, nous nous étions presque brûlé les doigts, je ne suis nullement disposé à me charger de la fabrique d'une constitution. Le fait est que le gouvernement napolitain, voyant que sir William A'Court ne voulait pas entrer dans cette affaire, lui dit en lui parlant dans son caractère public : Si vous craignez, monsieur, en faisant ce que nous demandons, d'engager votre gouvernement, dites-nous au moins, comme ami particulier, ce qu'il nous faut faire. Pour l'amour de Dieu, rendez-nous ce service; donnez-nous une idée, à quelque prix que ce soit. (On rit.) C'est en cela que sir William A'Court montra beaucoup d'adresse et de prudence, en refusant de se commettre dans cette affaire, et, quant à ce que le noble lord (Bentinck) a dit que le gouvernement n'avait rien fait en recevant la communication en entier de cette affaire, la chambre, à ce que je pense, ne sera pas très surprise que des lumières, que le noble lord lui-même n'a eues qu'au bout de six ans, n'aient pas brillé, dès le premier instant, aux yeux de Sa Majesté. Maintenant, quant au point de fait, je ne crois pas qu'au moment où je parle, un seul vestige, un seul débris reste de ce système, contre lequel notre noble lord invite la chambre à protester. (Ecoutez.) Je crois fermement qu'il n'en existe plus. Que la chambre conçoive, si elle peut, le ridicule qui s'attacherait à ce pays, s'il venait accuser, en forme, le roi de Naples de conserver un système de gouvernement qui n'a pas d'existence? (Écoutez.) — Quant à la conduite que le gouvernement est obligé de tenir, après avoir été instruit de la politique adoptée par Naples envers la Sicile, les seules questions qu'il y ait à faire sont celles-ci : les procédés de la cour de Naples portent-ils en eux un tel caractère de malignité; sont-ils si évidemment calculés dans le but de détruire les droits des Siciliens, que le gouvernement anglais doive intervenir en faveur de ce peuple? En un mot, ce gouvernement est-il obligé d'intervenir sur les avertissements ou les représentations du plus éclairé de ses ministres à l'étranger? tout au contraire. Les dépêches de ce ministre observent, à l'égard des changements projetés en Sicile, que rien dans ces changements n'affectera ceux qui ont été au service britannique. On ne peut non plus conclure de ces dépêches, que cette indignation à laquelle le noble lord a fait allusion comme ayant été excitée par le nouveau système, ait été réellement ressentie par la masse du peuple, ou que la réunion de la Sicile avec Naples ait produit quelque part ce sentiment de mécontement général qu'il a représenté. J'avouerai franchement, qu'ayant trouvé que pendant toute la période qui s'est passée depuis l'année fortunée où nos troupes évacuèrent l'île, pas un Sicilien n'avait élevé de plainte contre le nouvel ordre de choses, mon estime pour le gouvernement napolitain est grandement accrue par l'apparente douceur de son administration. Quels peuvent être les défauts de ce gouvernement, c'est ce que je ne veux pas chercher; mais il ne peut que résulter pour lui beaucoup d'honneur d'un pareil fait. Lorsqu'on reçut en Angleterre la nouvelle de l'union de la Sicile avec

Naples, très loin d'en être alarmé ou effrayé, j'éprouvai une espèce de pressentiment que la Sicile serait plus heureuse. En conséquence, je jugeai cette union comme calculée pour l'élever à cette considération et à cette importance quelconque, dont Naples, comme l'État le plus puissant et le plus étendu, peut être appelé à jouir. Bref, la Sicile doit retirer en dernier résultat tous les avantages de cette union ; je pense que cette union ne peut être pour elle que salutaire, puisqu'elle repose sur les mêmes principes que l'union écossaise ; étant bien entendu pour le dernier cas, que tout ce qui est en Ecosse appartient à l'Ecosse, et par dessus tout ce qu'on peut trouver dans toute autre partie de l'empire. (On rit beaucoup.) Mon opinion fut donc que la Sicile changeait pour le mieux ; opinion fondée sur les rapports de notre ministre. D'après tous ces faits, je pense qu'il n'y a rien qui puisse justifier une intervention de la part de ce pays, et qu'il est impossible à la chambre d'acquiescer à la demande du noble lord. Je crois que le gouvernement a donné au principe de non intervention toute l'extension convenable, et que si nous avions agi autrement, je serais encore bien plus exposé aux reproches de sir John Mackintosh, que je ne dois m'attendre à l'être ce soir. Il est de mon devoir de m'opposer à la motion du noble lord par tous les motifs que je viens d'énoncer, mais surtout par celui-ci, que sa proposition fût-elle fondée à tous autres égards, encore est-il vrai qu'elle s'applique à un système qui très probablement a présentement cessé d'exister. »

La motion de lord Bentink fut repoussée.

TABLE DES MATIÈRES.

TABLE DES MATIÈRES.

www.ingramcontent.com/pod-product-compliance
Ingram Content Group UK Ltd.
Pitfield, Milton Keynes, MK11 3LW, UK
UKHW021054200726
13857UKWH00003B/918

9 782011 773944